02.12.13

Jan-Uwe Rogge
Angelika Bartram

WIE ERZIEHUNG GARANTIERT MISSLINGT

INHALT

2

3

4

5

Vorwort

»Eltern werden unsicherer«, »Eltern geben keinen Halt mehr«, »Eltern sind gestresster« – diese Aussagen prägen die mediale Diskussion. Zweifelsohne scheinen viele Eltern heutzutage hilfloser, verunsicherter, vor allem gestresster zu sein als die Generation vor ihnen, und dies aus zwei Gründen. Die Eltern von heute müssen eine Vielzahl von Einflüssen, die auf Vater und Mutter und Kinder einströmen, bewältigen: zum Beispiel die Berufstätigkeit beider Elternteile, eigene Ansprüche auf Selbstverwirklichung und Glück, gestiegene Erwartungen an den Nachwuchs, aber auch Unsicherheit angesichts ökonomischer Krisen und hoher Arbeitslosigkeit.

Eltern bemühen sich, diese Anstrengungen nicht nur zu bewältigen, sie versuchen gleichzeitig, sich von ihren eigenen Eltern abzusetzen, wollen nicht nur alles anders, sondern vor allem alles besser machen. Da es kaum Geeignetes aus der Vergangenheit gibt, worauf sie zurückgreifen können, bewegen sie sich teilweise auf völligem Neuland, und dies geht mit einer großen Unsicherheit einher. Hin- und hergerissen auf ihrer Suche nach neuen Wegen in der Erziehung greifen sie nach Strohhalmen, die ihnen in den Medien geboten werden.

Unsicherheit statt praktischer Lösungen Und dann gibt es die Bestseller, die diese Verunsicherung geschickt aufgreifen und Eltern vermeintlich Halt geben und Orientierung versprechen. Bei diesen Bestsellern handelt es sich jedoch um Rettungsboote, die – wenn man sie genauer betrachtet – ein Leck haben. Sie halten einen eine Zeit lang über Wasser, doch ohne dass man es bemerkt, steigt das Wasser im Boot an, und wenn man nicht beizeiten aussteigt, besteht die Gefahr zu ertrinken.

Die Bestseller haben einerseits recht und führen doch zugleich in die Irre. Sie greifen allgemein über Jahrzehnte und Jahrhunderte geprägte verinnerlichte Glaubenssätze und verinnerlichte Dogmen auf, die nirgends bewiesen sind, nach denen aber dennoch Generationen von Kindern erzogen und begleitet wurden. Solche Dogmen sind »Leistung«, »Disziplin«, »Grenzen und Regeln«, »man muss uneingeschränkt da sein für das Kind« und »man muss Kinder um jeden Preis glücklich machen«. Man könnte die Liste noch erweitern. In unserem Buch greifen wir fünf irrationale Glaubenssätze auf:

1. »Ich will, dass mein Kind es im Leben zu etwas bringt.«
2. »Meine Kinder sollten mir schon gehorchen.«
3. »Muss man denn wirklich so streng sein?!«
4. »Das Wichtigste ist, dass man immer für sein Kind da ist.«
5. »Wir sollten unsere Kinder glücklich machen.«

Glaubenssätze auf dem Prüfstand Glaubenssätze haben immer einen wahren Kern, sind also niemals völlig falsch, aber eben auch nicht richtig oder gar wahr. Manche Glaubenssätze suggerieren, eine rigide Erziehung, basierend auf den eben genannten Grundsätzen, würde »gute Kinder« hervorbringen. Aber schon im 18. Jahrhundert war dem deutschen Aphoristiker Georg-Christoph Lichtenberg bewusst, dass »eine allzu sorgfältige Erziehung nur Zwergobst liefert«.

In unserem Buch greifen wir auf unterhaltsame Weise diese Glaubenssätze auf, versuchen dabei aber, nicht in eine Schwarz-Weiß-Malerei, eine Für-und-wider-, eine Entweder-oder-Haltung zu verfallen. In jedem Glaubenssatz ist immer beides enthalten, der vorwärtstreibende, innovative Anteil, der Eltern und Kinder gleichermaßen ernst nimmt, aber eben auch das Moment, das Eltern und Kinder verkennt, weil sich der Verfasser des Bestsellers als Besserwisser, als Durchblicker inszeniert.

Jeder Glaubenssatz bezieht sich auf so einen Bestseller und steht für eine Richtung, für eine Position, die sich eben nicht nur in der wissenschaftlichen Diskussion zeigt, sondern den Alltag von Familien durchdrungen hat. Wir setzen die Kenntnis dieser Bestseller nicht voraus. Warum auch? Denn wie lautet das Sprichwort eines Unbekannten: »Ein Kind nach den Anleitungen eines Buches zu erziehen ist gut. Nur braucht man für jedes Kind dann ein anderes Buch.« Welch wunderbare Erkenntnis!

Um die einzelnen Glaubenssätze, die jeder für einen anderen Bestseller stehen, näher zu beleuchten, haben wir uns eines dramaturgischen Tricks bedient: In jedem Kapitel stellen wir Ihnen Protagonisten vor, die jeweils einen der Glaubenssätze verkörpern und sich mit dem dazu passenden Bestseller beschäftigen. Wir beschreiben jeden mit seiner Biografie und lassen ihn stellvertretend die Höhen und Tiefen in der Erziehung durchmachen. Und Sie, den Leser, laden wir ein, ihn auf seiner Reise zu begleiten.

Der Weg ist das Ziel   Jedes Kapitel besteht aus Lebensgeschichten und einer allgemeinen philosophischen Durchdringung des Themas. Unsere Protagonisten machen auf ihrer Reise eine Wandlung durch, um Auswege aus der Erziehungsfalle, in die sie geraten sind, zu finden. Denn wie Laotse es ausdrückte: »Nur wer sein Ziel kennt, findet den Weg.«

Uns geht es nicht so sehr um das Aufzeigen hehrer Erziehungsziele, uns geht es um den Weg, der dorthin führt. Deshalb finden Sie am Ende eines Kapitels immer auch Tipps, die eher einem Kompass gleichen, den wir Ihnen in die Hand geben, damit Sie Ihren eigenen Weg finden. Denn Sie gehen mit eigenen Erfahrungen an das Buch heran. Vielleicht vergleichen Sie sich mit den Protagonisten, überlegen, wie Sie wohl handeln würden, was Sie anders oder ähnlich machen würden. Damit begeben Sie sich auch auf die Reise, zu der wir Sie einladen möchten.

Es geht uns dabei nicht um richtig oder falsch. Wir freuen uns, wenn Sie einfach Lust bekommen, sich auf eine mitfühlende Art und Weise mit den Protagonisten zu identifizieren.

Mut zur Gelassenheit Erziehung ist ein schwieriges Geschäft und die meisten Eltern machen einen verdammt guten Job. Dennoch zweifeln sie, sind unsicher und sehen vielfach, wie man ihnen Hindernisse in den Weg legt. Doch »aus Steinen, die einem in den Weg gelegt werden, kann man etwas Schönes bauen«, so hat es Erich Kästner einmal wunderbar auf den Punkt gebracht.

Die Entwicklung der Kinder geht nicht stetig aufwärts. Das kann man als Mutter und Vater erst feststellen, wenn der Nachwuchs erwachsen ist. Im Prozess der Erziehung stellt sich die Entwicklung als ein Gemenge aus Höhen und Tiefen dar. Viele nehmen jedoch nur noch die Tiefen wahr und greifen dann nach den Erziehungsstrohhalmen aus dem Buchregal.

Wir versprechen Ihnen nichts, wir wollen Sie stattdessen ermutigen, Ihren eigenen Weg zu finden und zu einer Erziehungspersönlichkeit zu werden, an der sich Ihr Kind orientieren, an der es sich aber auch reiben kann. Eine Erziehungspersönlichkeit, die authentisch und verantwortungsvoll ist, die gelassen mit ihren Schwächen umgeht, vor allem aber ihre eigenen Stärken sieht.

Jan-Uwe Rogge
Angelika Bartram

1

»Ich will,
dass mein Kind
es im Leben zu
etwas bringt.«

Jasper ist der einzige Sohn von Nele Körner und ihrem Mann Mario. Nele war Anfang zwanzig, als Jasper sich ankündigte. Und Nele und Mario heirateten, als das Kind unterwegs war. Das hatten die beiden zwar nicht so geplant, aber Jasper war dennoch willkommen. Und Nele war sich sicher, dass mit der richtigen Organisation schon alles klappen würde.

Heute ist Jasper neun, Nele hat einen Internetjob, den sie von daheim ausüben kann. Ihr Mann Mario arbeitet erfolgreich im Management einer großen Firma. Er ist viel unterwegs und Nele ist sehr stolz auf ihren »Super-Mario«.

Für beide war von Anfang an klar, dass sie ihrem Sohn alle Chancen eröffnen und ihn fördern wollen, wo es nur geht. Mario lebt nach seinem Wahlspruch: »Nur wer tüchtig ist, hat auf Dauer Erfolg. Erfolg liegt in deiner Hand. Wenn man will, versetzt man Berge. Man muss es nur wollen.« Nele ist da ganz auf seiner Linie. Und wenn Jasper sich manchmal beschwert, dass er lieber spielen möchte, als Hausaufgaben zu machen, dann gibt es kein Pardon. »Manchmal können Kinder nicht einsehen, was für sie gut ist.« Da ist Nele sich sicher. »Und es kann nicht immer so laufen, wie die Kinder es wollen.« Was das anbelangt, ist sie sich mit ihrem Mann einig: »Eltern müssen schon die Bestimmer sein.«

»Erfolg muss man wollen«

Nele würde sich allerdings wünschen, dass sie sich mehr mit Mario austauschen könnte. Doch weil der die meiste Zeit unterwegs ist, gestaltet sich das oft schwierig. Mario ist sich dessen bewusst und versucht so oft es geht, sich zu Hause zu melden. Häufig telefoniert er mit Jasper mithilfe einer Webcam am Computer, sodass sich beide dabei auch sehen können. Mario erkundigt sich dann immer, wie es in der Schule gelaufen ist. Jasper ist in diesen

Situationen jedoch eher wortkarg und antwortet
»schön«, »gut« oder »alles okay«. Seinen Vater nervt es ⌐
wenn er Jasper jedes Wort aus der Nase ziehen muss. Nele versucht dann zu vermitteln und erzählt an Jaspers Stelle, was er
alles geschafft hat, zum Beispiel wieder eine Zwei in Mathe. »Na,
prima«, lobt Mario, Und meist kommt schnell noch der Zusatz:
»Und das nächste Mal wird es eine Eins – abgemacht?!« Jasper
nickt dann nur kurz und hat keine Lust mehr zu skypen.
Solche Reaktionen beobachten die Eltern öfter und machen
sich Sorgen, dass ihr Sohn so gar keinen Ehrgeiz entwickelt. Sie
empfinden das beinahe als Undankbarkeit. Wie hätte sich Nele
gefreut, wenn sie all diese Chancen gehabt hätte. Ihre Eltern besa-
ßen ein Möbelgeschäft und aus Zeitmangel erzogen sie ihr Kind
mehr im Laissez-faire-Stil. Deshalb nahm Nele sich auch vor, dies
bei ihrem Kind einmal anders zu machen. Ihr Sohn Jasper steht
für sie ganz klar an erster Stelle. Sie will ihm dabei helfen, seine
Talente zu erkennen. Dazu gehören für Nele und Mario neben den
schulischen Leistungen auch die sportlichen Aktivitäten. Jasper
ist ein eher schmächtiger Junge und er kränkelt öfter. Egal, was
Nele ausprobiert, auch homöopathische Anwendungen greifen
nicht. Die Beschwerden wollen nicht weggehen. Umso wichtiger
scheint regelmäßige Bewegung zu sein. Da Mario ein begeisterter
Tennisspieler ist und schon so manches Turnier gewonnen hat, lag
es nahe, dass er auch Jasper für diese Sportart begeistern wollte.
Doch schon nach ein paar Wochen lag der Schläger in der Ecke
und Jasper streikte. Nele und Mario waren sich aber einig, dass sie
schon noch das Richtige für ihn finden würden. Und bald hatten
sie eine neue Idee. Es sollte eine Überraschung für ihn werden.
Erst mal waren an diesem Tag aber wieder Hausaufgaben dran …

Fehlt unserem Kind das Erfolgsgen?

Jasper räkelt sich am Tisch. »Mama, komm, ich will nicht mehr
weitermachen. Wir haben doch sowieso nicht viel auf.« Nele
lächelt. Das Spiel kennt sie schon. Sie schiebt ihrem Sohn die

Hefte zurecht und deutet auf die leere Seite. »Erst die Hausaufgaben, dann ist Zeit für anderes. So haben wir das abgemacht.« Jasper stöhnt und stößt seinen Bleistift in den Radiergummi. »Oh, Mann, du bist gemein!« Nele schaut Jasper streng an. Das ist ihre Antwort auf Boykottversuche dieser Art. Am liebsten würde sie ihrem Sohn sagen: »Jetzt denk auch mal an mich, es ist ja auch meine Zeit. Ich könnte in den Stunden, die ich hier sitze, auch was anderes tun. Frag mich mal, ob ich Lust habe, mit dir die Hausaufgaben zu machen.« Aber das alles sagt Nele nicht. Sie denkt es nur. Und bemerkt stattdessen: »Eines Tages wirst du mir dankbar sein. Und manchmal muss man auch Dinge tun, die keinen Spaß machen.« Jasper stützt den Kopf in beide Hände und murmelt: »Ich will aber nicht« in Richtung Tischplatte.

»Es geht eben nicht immer so, wie du willst, mein Schatz«, macht Nele unmissverständlich klar. »Und wir hätten jetzt schon ein ganz schönes Stück geschafft, wenn du hier nicht so rumnörgeln würdest.« Nele zieht sich kurz zurück und telefoniert. Als sie wiederkommt, hat Jasper schon zwei Sätze aufs Papier gebracht. »Siehst du, es geht doch«, lobt sie ihn. Sie setzt sich wieder zu ihrem Sohn, kontrolliert, ob alle Wörter richtig geschrieben sind. »Jasper, das machst du prima!«, motiviert sie ihn.

»Können wir den Rest nicht nachher machen?«, bettelt Jasper. Nele schüttelt den Kopf. »Nein, wir machen das jetzt schön fertig. Aber dafür habe ich dann auch eine Überraschung für dich.« Jasper macht große Augen. »Gehst du mit mir ins Kino?« Nele lacht. »Nein, die Überraschung ist viel schöner als Kino.« Unruhig zappelt Jasper auf seinem Stuhl »Was ist es denn?« »Wart's ab! Erst die Hausaufgaben, dann die Überraschung.«

Wir wollen doch sein Bestes!
Neles Trick wirkt. In Erwartung der angekündigten Überraschung macht Jasper nun zügig und konzentriert seine Hausaufgaben. Und dann geht es auch schon los. Sie müssen erst eine Weile mit

dem Auto fahren. Jasper löchert seine Mutter die ganze Zeit, er will wissen, was es für eine Überraschung ist. »Wart's ab!«, lächelt sie ihn an. Dann sind sie endlich am Ziel. Nele lenkt das Auto auf den Parkplatz des Golfklubs in der Nähe der Stadt, stellt es ab.

»So, da wären wir!«, erklärt sie freudig. »Die Probestunde hatten Papa und ich eigentlich am Wochenende für dich arrangiert. Aber jetzt hat es schon heute geklappt.«

Jasper braucht einen Moment, bis er begreift. »Probestunde?«

»Ja, wir haben dich im Golfklub angemeldet. Da, wo Papa spielt.«

»Aber ich will doch gar nicht Golf spielen.«

»Jasper, bitte, das ist ein schöner Sport. Papa macht er auch Spaß.« Nele versucht alles, um Jasper diese Probestunde schmackhaft zu machen. Aber ihr Sohn stellt sich quer. Er setzt sich wieder ins Auto und weigert sich auszusteigen.

Neles Wutpegel steigt. »Jetzt sei nicht undankbar. Andere Kinder würden sich freuen, wenn sie Golf spielen könnten!«

»Ich bin aber nicht andere Kinder!«, blafft Jasper sie an.

Schließlich gibt Nele klein bei. Sie sagt die Golfstunde ab und fährt mit Jasper wieder nach Hause. Enttäuscht erklärt sie ihm: »Da wird der Papa aber traurig sein.«

Und während der Heimfahrt, in der die beiden stumm im Auto sitzen, denkt Nele seufzend darüber nach, wie ihr Sohn jemals im Leben erfolgreich werden soll, wenn er so gar nicht einsehen will, was für ihn gut ist.

Wie bringe ich meinem Kind bei, erfolgreich zu sein?

Nele Körner ist in keiner einfachen Situation. Da hat sie ihren Jasper, einen »richtig netten Kerl«, wie sie findet. Aber oft ist er eben auch ein echtes Schlitzohr. Er hört sich Neles Vorschläge zwar an, macht dann aber doch, was er will. Seine Mutter hat jedoch nicht vor aufzugeben. Immer wieder sucht sie neue Wege, wie sie ihm helfen kann, seine Begabungen zu entdecken und etwas aus ihnen zu machen. Ihr Mann Mario unterstützt sie zwar dabei, aber da er so viel unterwegs ist, ist es vor allem Nele, die ihren Sohn antreiben muss. Und sie bekommt dann natürlich auch Jaspers Frust darüber in voller Breitseite ab. Als sie sich bei ihrem Mann einmal darüber beschwert, meint der nur: »Schatz, jetzt sei doch nicht so empfindlich. Manchmal ist eben Konsequenz gefragt und kein Kuschelkurs. Wenn man nicht übt, dann bleibt auch die Belohnung aus.«

Nele kneift entnervt ihre Augen zusammen, atmet tief aus. »Ich kann diese alten Weisheiten nicht mehr hören«, erwidert sie.

Mario sieht sie erstaunt an. »Ohne Fleiß kein Preis. Sind denn solche Sätze wirklich falsch? Dahinter steckt doch jede Menge an Lebenserfahrung!«

Nele zögert, überlegt lange. Doch schließlich gibt sie ihrem Mann recht und nimmt sich vor, sich seiner Meinung anzuschließen.

{ **Erziehungsmotto** }

»Ich will, dass mein Kind es im Leben zu etwas bringt.«

Sätze wie diese prägen Nele und Mario Körners Erziehungsmotto:

- Nur wer tüchtig ist, hat auf Dauer Erfolg.
- Erfolg liegt in deiner Hand. Wenn man will, versetzt man Berge. Man muss es nur wollen.
- Wir möchten unserem Sohn helfen, seine Talente zu erkennen, und sie fördern.
- Es geht nicht immer so, wie die Kinder es haben möchten.
- Manchmal können Kinder gar nicht einsehen, was für sie gut ist.

Unnachgiebig sein – ja oder nein?

Mario ist in der Erziehung generell unnachgiebiger. Wenn er mit seinem Sohn redet, zum Beispiel weil er mal wieder alle Fünfe hat gerade sein lassen, dann ist das keine Unterhaltung, sondern eher ein wohlformulierter Vortrag. Und manchmal möchte Nele dazwischenfahren, weil ihr Mann dann so streng wirkt, wenn er Jasper mit starren, zusammengekniffenen Augen fixiert. Am Ende einer solchen Standpauke bläut er ihm Sätze wie diese ein. »Und das, mein Freundchen, kannst du dir hinter die Ohren schreiben: Es ist noch kein Meister vom Himmel gefallen.« Wenn Jasper daraufhin die Augen verdreht, setzt er prompt noch eins drauf:»Jasper, du hörst mir jetzt mal genau zu. Die Devise lautet: Üben, üben, üben!«

In solchen Momenten tut Jasper seiner Mutter richtig leid. Wenn er so dasitzt, den Kopf zwischen die Schultern gezogen, ganz wie ein armes Würmchen, über das alles hereinbricht, möchte Nele ihn am liebsten fest in den Arm nehmen und trösten.

Und dennoch … Zwar könnte Mario seine Anforderungen wirklich um einiges netter verpacken, aber hat er nicht in der Sache recht? … Zumindest irgendwie?

Nele Körner seufzt, wenn sie daran denkt. Wenn sie nur wüsste, wie man alles richtig macht!

Manchmal liegt sie nachts noch wach, zermartert sich den Kopf, überlegt ständig hin und her:»Sind wir vielleicht zu streng? Zwängen wir unserem Sohn unseren Willen auf? Sind wir heute nicht zu weit gegangen, waren wir zu bestimmend? Hat er denn überhaupt eine Chance mitzubestimmen? Oder muss er immer nur machen, was wir wollen?« Und in Gedanken lässt sie noch einmal verschiedene Situationen Revue passieren …

Sie und ihr Mann dachten wirklich, sie würden Jasper mit der Golfstunde eine Freude machen. Das ist so ein interessanter Sport! Und es hätte ihm bestimmt auch gutgetan. Aber wenn er sich so querstellt? Was hätte sie da noch machen können?

Ratlos klopft sie auf ihre Bettdecke, als erwarte sie von ihr eine Antwort. Nele seufzt und schaut neben sich. Mario ist zwar ausnahmsweise mal zu Hause, doch er schläft tief und fest. Eine andere Begebenheit fällt ihr ein: Neulich ging sie in Jaspers Zimmer, nachdem sie vorher angeklopft hatte, so wie es abgemacht war. Sie bekam gerade noch mit, wie ihr Sohn hastig eine Computerzeitung beiseiteräumte, beflissen in sein Matheheft schaute und so tat, als würde er lernen. Nele war so enttäuscht, wütend und sauer, dass sie die Beherrschung verlor und Jasper anbrüllte: »Mach doch, was du willst! Von uns aus brauchst du nicht zu lernen! Aber wehe, du schiebst es später auf uns, wenn du als Versager unter einer Brücke haust. Uns brauchst du dann wirklich keine Vorwürfe zu machen!« Als sie wieder an diese Sätze denkt, hält Nele vor Schreck unwillkürlich die Luft an. Und leise seufzt sie vor sich hin: »Mein Gott, zu was man sich hinreißen lässt. Fürchterlich! Für so etwas hasse ich mich wirklich!«

»Kinder brauchen Orientierung«

Ruhelos wälzt sie sich im Bett hin und her und ist im Nachhinein noch froh, dass sie hinterher zu Jasper gegangen ist und sich aufrichtig bei ihm entschuldigt hat. Auch wenn der anders reagiert hat, als Nele es sich erhofft hatte. Denn Jasper hatte nur mit den Schultern gezuckt und gemeint: »Ist in Ordnung!« Um dann grinsend hinzuzufügen: »Du sagst es eh wieder!«
Auf diese Antwort hin war Nele fertig gewesen, fix und fertig. Sie hatte das Gefühl, dass Jasper sie nicht wirklich ernst nahm und gar nicht bereit war, sich ihre Vorwürfe zu Herzen zu nehmen. Und sofort kamen diese Zweifel wieder, diese quälenden Fragen: »Muss man nicht auch Dinge lernen, wenn man keinen Bock hat, vor allem, wenn man es zu etwas bringen will und tatsächlich Begabungen hat? Das Leben ist nun mal kein Wunschkonzert.«
Ein wenig Zwang muss sein, findet Nele. Nicht zu viel, aber ein bisschen. Kinder brauchen schon einen Kompass, brauchen Orientierung. Sonst verlieren sie sich, weil sie nicht wissen, was sie wollen. Wie könnte ein Neunjähriger das auch wissen, der wäre damit doch völlig überfordert!

Nele Körner lächelt zuversichtlich in sich hinein: »Ich glaube, Jasper wird später einmal dankbar sein, dass wir streng waren!« Doch was heißt das eigentlich, streng zu sein? Nele denkt darüber nach und kommt zu der Überzeugung, dass jemand, der es später zu etwas bringen will, eben beizeiten auch auf manches verzichten muss. »Und überhaupt, es kann doch nicht immer so laufen, wie die Kinder es sich vorstellen. Dann tanzen sie einem ja nur noch auf der Nase herum und lassen sich am Schluss noch bedienen. Außerdem verlieren sie die Lust an der Leistung!«

Fragen über Fragen ...
Doch sie kommt wieder ins Grübeln: »Wo ist die Grenze? Wann bestimme ich über mein Kind? Erkenne ich wirklich die Begabungen meines Sohnes und fördere sie? Oder idealisiere ich seine Talente vielleicht und überfordere ihn? Es ist so schwer, so verdammt schwer und man steht völlig allein auf weiter Flur!« Nele Körner seufzt. Ihr geht es wie vielen anderen Eltern, die ihren Kindern vermitteln möchten, Leistung zu erbringen, und sich dann Fragen stellen wie:

- Darf ich meinem Sohn/meiner Tochter meinen Willen aufzwingen?
- Woran kann ich erkennen, dass ich über das Ziel hinausgeschossen bin?
- Wie weit dürfen Kinder bei Entscheidungen mitbestimmen?
- Wie kann ich ihre Begabungen fördern, auch wenn sie selbst diese Fördermaßnahmen nicht einsehen wollen?
- Wie muss das Verhältnis von Spaß und Ernst in der Erziehung sein?
- Gehört nicht auch der Verzicht dazu, wenn man Erfolg haben, es zu etwas bringen will?

Nele Körner schwirrt der Kopf bei all diesen Fragen. Da fällt ihr der Satz ein, den ihre Mutter immer sagte, wenn ihr etwas misslungen war: »Wie man's macht, macht man's falsch!« Und Nele Körner überlegt: »Stimmt dieser Satz auch für mich?«

Kann man Erfolglinge züchten?

Im Buch »Die Mutter des Erfolges« von Amy Chua hofft Nele Antworten auf ihre Fragen zu finden. Der Untertitel »Wie ich meinen Kindern das Siegen beibrachte« stimmt sie optimistisch. Sie ist sich sicher, dass sie von so einer Frau viel lernen kann. Die Radikalität, mit der Amy Chua ihr Ziel verfolgte, beeindruckt Nele. Ja!, denkt sie sich, als sie liest, dass auch für diese Mutter, die sich selbst als typisch erfolgsorientierte chinesische Mama schildert, Hausaufgaben grundsätzlich an erster Stelle stehen.

Bei Chuas Forderung, dass die Kinder in Mathe den Mitschülern immer um zwei Jahre voraus sein sollten, wird Nele unsicher, denn manchmal sorgt sie sich, wie lange sie Jasper bei den Matheaufgaben noch beratend begleiten kann. Aber vielleicht sollte sie da ihren »Super-Mario« mehr einspannen. Als sie jedoch liest, dass die einzigen Freizeitbeschäftigungen, die man Kindern erlauben sollte, solche sind, die ihnen am Ende eine Medaille einbringen, und dass diese Medaille aus Gold sein sollte, kommen in Nele Zweifel auf. Doch dann beschwichtigt sie sich mit dem Gedanken, dass die Autorin das vielleicht nicht ganz so ernst gemeint hat.

Es schien jedoch eine Tatsache gewesen zu sein, dass Amy Chuas Töchter keine Kinderpartys besuchen durften, Fernsehen oder Computerspiele gab es auch nicht. Und in der Schule kam eine schlechtere als die Bestnote gar nicht infrage.

Nele ist beeindruckt von der Konsequenz, mit der diese Frau den Leistungsgedanken verfolgte, selbst wenn sie sich bei ihren Kindern damit ziemlich unbeliebt machte. Das nahm sie jedoch offensichtlich in Kauf.

Mein Ziel ist es, euch auf die Zukunft vorzubereiten, nicht, mich bei euch beliebt zu machen.

AMY CHUA

Nele spürt in sich hinein und muss zugeben, dass sie schon möchte, dass Jasper einsieht, dass alles, was sie und Mario unternehmen, um ihn zu fördern, seinem Besten dient. Und sie erwischt sich öfter dabei, dass sie sauer wird, wenn das nicht so ist. Trotzdem nicht aufzugeben, empfindet sie als harte Arbeit. Und auch da spricht ihr Amy Chua aus der Seele, wenn sie schreibt: »Um auf irgendeinem Gebiet gut zu werden, muss man sich anstrengen, und von selbst haben Kinder grundsätzlich keine Lust, sich anzustrengen – deshalb ist es ja so immens wichtig, dass man sich über ihre natürlichen Tendenzen hinwegsetzt. Von den Eltern erfordert dies Stärke und Standhaftigkeit, denn ein Kind leistet selbstverständlich Widerstand.«

Sind wir nur konsequent oder grausam?

Als sie über das Thema Standhaftigkeit und Stärke nachdenkt, kommt Nele sich plötzlich als Versagerin vor, weil sie diese Eigenschaften anscheinend nicht in der letzten Konsequenz besitzt. Sie zweifelt daran, ob sie es fertigbringen würde, ein dreijähriges Kind bei einem Trotzanfall in der Kälte auf die Veranda zu sperren, ob sie damit drohen könnte, ihrem Jasper sämtliche Kuscheltiere wegzunehmen und sie zu verbrennen, wenn er etwas nicht perfekt macht, oder so extrem mit ihm an einer Sache arbeiten könnte, wie Amy Chua es mit ihrer Tochter Lulu beim Geigenüben gemacht hatte. Sie beschreibt es so: »Wir arbeiteten ohne Abendessen bis in die Nacht hinein und ich ließ Lulu nie aufstehen, sie bekam weder Wasser, noch durfte sie aufs Klo. Das Haus war zum Kriegsgebiet geworden.«
Sicher, nachher hatte es mit dem Geigenspiel geklappt. Aber um welchen Preis? Ist Nele bereit, den zu zahlen? Will sie von Jasper als »Lord Voldemort«, der Bösewicht aus Harry Potter, bezeichnet werden, wie Lulu ihre Mutter mal in Rage genannt hatte? Sollte das wirklich der richtige Weg sein?
Es beruhigt Nele, dass auch Amy Chua Zweifel kamen und sie sich fragte, wie ihre Töchter wohl in zwanzig Jahren auf das alles

zurückblicken würden. Andererseits kann Nele auch nachvollziehen, wie viel Glück Amy Chua empfand, wenn ihre Töchter Erfolg hatten, als zum Beispiel Sophia, die zweite Tochter, in der Carnegie Hall vor begeistertem Publikum spielte. Ja, das würde sie als Mutter auch sehr stolz machen. Und sie grübelt darüber nach, warum sie Jasper nicht motiviert haben, Klavier zu spielen. Andererseits – da hätten sie ein Klavier gekauft und nachher wäre es möglicherweise doch nur als Staubfänger herumgestanden. So wie Neles Gitarre damals. Und Nele erwischt sich dabei: Je mehr sie sich mit Chua vergleicht, desto unwohler fühlt sie sich. Welches ist der richtige Weg? Wie soll sie das entscheiden? Wie stark prägt uns die Kultur, prägt uns der Umkreis, in dem wir aufwachsen?

»Westliche Eltern bemühen sich, die Individualität ihrer Kinder zu respektieren«, schreibt Amy Chua, »und ermutigen sie zu tun, was sie wirklich begeistert, unterstützen und bestärken sie in ihren Entscheidungen und sorgen für ein gedeihliches Umfeld. Die Chinesen hingegen sind überzeugt, dass der beste Schutz, den sie den Kindern bieten können, darin besteht, sie auf die Zukunft vorzubereiten, sie erkennen zu lassen, wozu sie imstande sind, und ihnen Fähigkeiten, eiserne Disziplin und Selbstvertrauen mit auf den Weg zu geben, die ihnen keiner je nehmen kann.«

Nele Körner seufzt still in sich hinein. Wenn man doch beides irgendwie verbinden könnte! Aber wie?

Als Nele Körner Amy Chuas Buch fertig gelesen und vor allem darüber intensiver nachgedacht hat, tauchen doch noch eine ganze Menge Fragen auf.

Woraus setzt sich Erfolg zusammen?

Was heißt das: erfolgreich sein? Ihr Mann fällt ihr ein. Der ist erfolgreich. Aber dafür ist er fast nie zu Hause, bekommt von Jaspers Entwicklung vieles nicht mit. Erfolg zu haben bringt also auch Opfer mit sich. Nele wird immer nachdenklicher: »Man kann eben nicht alles im Leben haben.« Und sie erinnert sich an ein Sprichwort, das sie mal gelesen hat: »Wenn du einmal Erfolg hast, kann es Zufall sein. Wenn du zweimal Erfolg hast, kann es Glück sein. Wenn du dreimal Erfolg hast, so ist es Fleiß und Tüchtigkeit.« Nele Körner lächelt. Wieder hat sie ihren Mann vor Augen. Der ist fleißig, tüchtig und dementsprechend erfolgreich. Wenn es doch bei Jasper auch so wäre! Warum lässt er sich so hängen, nimmt demonstrativ diese »Null-Bock-Haltung« ein? Das findet Nele einfach nur grauenhaft. Und sie fragt sich, wo Jaspers »Siegergen« ist, von dem man immer wieder mal liest. Er scheint mit dem zweiten oder dritten Platz immer vollkommen zufrieden zu sein. Das kann Nele einfach nicht nachvollziehen, sie ist ratlos: »Ständig muss ich ihn motivieren, etwas zu leisten. Dabei leben wir ihm doch wirklich etwas anderes vor!«

Die Begriffe Leistung und Motivation

Nele Körner hat gerade zwei Begriffe erwähnt, die auch in Amy Chuas Buch eine herausragende Rolle spielen: Leistung und Motivation. Aber nicht nur dort: Sie prägen die bildungspolitische Diskussion der letzten Jahrzehnte.

Der Wert der Leistung

Der Begriff »Leistung« wird in der Gesellschaft polar thematisiert: Auf der einen Seite wird immer wieder über fehlende Leistungsbereitschaft bei Heranwachsenden geklagt und über einen Erziehungsstil, der auf Leistungsanreize verzichtet und scheinbar Kinder und Jugendliche heranzieht, die sich in Müßiggang ergehen. Auf der anderen Seite wird der immense Leistungsdruck kritisiert, dem Heranwachsende zum Opfer fallen, weil ihnen kein Raum mehr bleibt, um sich zu einer eigenständigen und selbstbewussten Persönlichkeit zu entwickeln. Mit dem Leistungsbegriff sind also schnell negative Bedeutungen verbunden – je nach Standort. Diese polare Diskussion schränkt jedoch ein. Sieht man das Wort »Leistung« aus der Sicht der Kinder, erhält es mit einem Mal wichtige, wunderbare Facetten.

Kinder wollen etwas leisten. Jedes Kind muss in jeder Phase seiner Entwicklung Aufgaben erfüllen, eben: etwas leisten. Das Baby, das lernt, die Schwerkraft zu besiegen, sich zu drehen, zu robben, zu krabbeln, sich hochzuziehen und schließlich zu stehen, wenn zunächst auch wackelig – welche Leistung! Da steht es also in der Welt und ist stolz darauf.

Das Kleinkind, das gehen lernt, mühsam die Balance haltend, das genug hat vom Gehaltenwerden, das spürt, es muss in die Welt hinaus: Welche Leistung! Es erfährt, dass es etwas allein kann, wenn auch mit seinem Kuscheltier in der Hand.

Das Kindergartenkind, das sprechen gelernt hat, Wörter und Sätze formulieren kann, um sich auszudrücken. Welche Leistung! Es kann »Ich« sagen, um so seine Persönlichkeit auszudrücken, ein »Nein« schmettern, um Eigenständigkeit zu inszenieren.

Das Schulkind, das das anschaulich-konkrete Denken überwindet und zu Abstraktionen in der Lage ist, das über die Welt und die Dinge, die sie zusammenhält, nachdenkt und philosophisch reflektiert. Welche Leistung! Vor allem, wenn man bedenkt, wie schnell die Zeit seit dem Säuglingsalter vergangen ist, bis die Kinder einfordern, ernst genommen, aber nicht wie »kleine Erwachsene« behandelt zu werden.

Und schließlich die Pubertierenden, die sich weder als Kind noch als Erwachsene fühlen, irgendwo dazwischenhängen und trotzdem oder gerade deswegen ernst genommen werden und sich angenommen fühlen wollen. Welche Leistung, diese körperlich-seelischen Veränderungen durchzumachen, die mit so viel Schmerz und Unsicherheit verbunden sind!

Um ein selbst gestecktes Ziel zu erreichen, dazu bedarf es Ausdauer und nicht enden wollender Bemühungen. Kinder versuchen es immer wieder, sie üben und üben, um sich zu beweisen. Misserfolge frustrieren zwar, doch sie spornen auch an, nach anderen Wegen zu suchen – ganz im Sinne eines afrikanischen Sprichwortes: »Etwas zu versuchen und es nicht zu schaffen, das ist wenigstens keine Faulheit.«

Die Bedeutung von Motivation

Kinder nehmen sich etwas vor, peilen ein Ziel an, um sich etwas zu erfüllen. Aber nicht das Ziel ist Kindern wichtig. Gewiss, sie sind glücklich und stolz, wenn sie es erreicht haben. Viel wichtiger ist aber der Weg zum Ziel. Es kommt auf die Umwege an, die sie gehen mussten, um dorthin zu kommen. Katharina von Siena hat das vor vielen Jahrhunderten so beschrieben: »Nicht das Beginnen wird belohnt, sondern einzig und allein das Durchhalten.«
Sie können den Gehalt dieses Satzes erkennen, wenn Sie Kinder dabei beobachten, wie sie durch sich ständig wiederholende Handlungen ein selbst gestecktes Ziel erreichen. Daraus gewinnen sie ihr Selbstwertgefühl, daraus entsteht ein Urvertrauen, das sie sicher genug macht, sich in die Welt hinauszuwagen, weil sie fühlen: »Ich bin jemand. Und ich kann etwas!«
Stellen Sie sich ein Kind vor, das gerade gelernt hat zu gehen: Auf noch wackeligen Beinen bewegt es sich vorwärts, seine Ärmchen hält es wie Balancierstangen zur Seite oder nach vorn. Es juchzt, wenn es aufrecht bleibt, aber es macht ihm auch nichts aus, wenn es hinfällt. In der Bärenhaltung kommt es wieder hoch: Arme nach vorn, Beine nach hinten, es gibt sich einen kleinen Schubs, es steht, schwankt wie ein Schilfrohr im Wind – und weiter geht die Reise. Es entdeckt eine Treppe, peilt die unterste Stufe an, will sie mit fröhlichem Gejauchze erklimmen. Aber es klappt nicht. Arme und Beine kann es noch nicht koordinieren. Trotzdem versucht es immer und immer wieder, nach oben zu gelangen. Wenn es dennoch immer aufs Neue ausrutscht und auf dem Boden landet, ist es vielleicht frustriert, gibt aber nicht auf.
Viele Eltern möchten in solchen Situationen ihrem Sprössling die Enttäuschung und die Frustration ersparen. Wenn sie ihn jedoch auf die Stufe heben, passiert meist Folgendes: Das Kind beginnt wütend zu schreien, schlägt um sich und lässt sich auf den Boden fallen. Kaum sind die überraschten Eltern, die es doch »bloß gut gemeint« haben, aus dem Blickfeld des Kindes entschwunden, setzt es seine Bemühungen fort.

Begleitung und echte Unterstützung

Wie gesagt: Kinder wollen etwas leisten, weil sie sich in den Ergebnissen wiederfinden. Selbstbestimmte Leistungen schaffen Vertrauen in die eigenen Fähigkeiten, bilden Selbstbewusstsein und Selbstwertgefühl aus, die über manche Frustration im Leben hinweghelfen können. Kinder wollen dabei Begleitung und Unterstützung. Mit Unterstützung ist gemeint, Kindern nicht jeden Stein aus dem Weg zu räumen. Wenn sie gestolpert sind, machen sie sich schon selbst an die Arbeit. Im Zornausbruch des Kindes, dem seine Eltern helfen wollen, steckt die Botschaft:»Ich will alleine!« Wer Kindern jedes Hindernis beiseiteschafft, der trägt – unbewusst – dazu bei, wenn diese keine Kompetenzen ausbilden, auf die sie stolz sein können. Und mit Begleitung ist gemeint: Heranwachsenden eine Umgebung zu bieten, die Anreize bereithält, sich auszuprobieren und mit den eigenen Fähigkeiten zu wachsen. Diese Umgebung braucht nicht pädagogisch wertvoll nach den neuesten wissenschaftlichen Erkenntnissen gestaltet zu sein, sie sollte sich vielmehr an den Alters- und Entwicklungsbesonderheiten des Kindes orientieren. Jeder abstrakten Erfahrung geht eine körperliche voraus. Halten Sie sich dieses Lernprinzip in der Erziehungsarbeit mit Kindern möglichst immer vor Augen. Um es nochmals zu betonen: Kinder brauchen Anregungen, sie wollen Anreize. Wenn sie die erste Stufe einer Treppe bewältigt haben, dann peilen sie die nächste an – aber eben nicht schon die übernächste. Sie müssen sich erst vergewissern, ob sie sich auch sicher genug fühlen, um die nächste Etappe anzugehen. Kinder lernen nach dem Motto»Weniger ist mehr!«. Vielen Eltern ist das aber nicht genug, ihnen ist ein Satz wie»Was Hänschen nicht lernt, lernt Hans nimmermehr!«näher. Mit dieser Einstellung bleiben sie in der Erziehung nicht im Jetzt, sondern betrachten die Unterstützung des Kindes als Vorbereitung auf ein imaginäres Später. Sie vergleichen ihr Kind mit anderen Kindern oder projizieren Sehnsüchte in das Kind, die es nicht zu erfüllen vermag. Sie pressen das Kind in ein Muster, weil sie meinen, Talente entdeckt zu haben, die sie nun fördern können. Das Kind wird also nicht mehr in seiner Ganzheit wahrgenommen, sondern nur noch unter jenen Gesichtspunkten, die seine Eltern sehen. Dies erzeugt Stress, der sich negativ auf die Eltern-Kind-Beziehung auswirkt.

Die individuelle Persönlichkeit erkennen

Kinder spüren, wenn sie nur dann angenommen sind, weil sie den elterlichen Wünschen entsprechen und die in sie gesetzten Erwartungen erfüllen. Eltern vermitteln ihren Kindern dabei gern den Gedanken, sie wollten doch nur das Beste für sie. Darauf stellte eine Zehnjährige einmal ganz lakonisch fest:»Meine Mama will mein Bestes! Was bleibt dann für mich?« Kinder reagieren generell allergisch darauf, wenn ihr Leistungswille manipuliert wird, wenn sie sich fremdbestimmt fühlen. Sie möchten etwas zeigen – sich selbst und den anderen. Sie möchten gefordert und herausgefordert werden. Jedes Kind ist dabei einzigartig: Das eine Kind braucht mehr Begleitung, das andere weniger. Schauen Sie Ihr Kind also genau an. Jedes Kind braucht Motivation, um selbst gesteckte Ziele zu erreichen. Doch ist eben Motivation nicht gleich Motivation, genauso wenig wie Erziehung mit Ziehen zu tun hat. Der Gärtner schaut dem Gras beim Wachsen zu, zieht aber nicht am Halm, weil er weiß, er würde ihn nur entwurzeln. Ähnliches gilt für Kinder: Kinder wollen mit Forderungen und Herausforderungen konfrontiert werden, die sie nicht überfordern. Sie möchten sich in ihrer Persönlichkeit angenommen und verstanden wissen. Kinder möchten lernen, doch soll sich dieser Lernprozess an ihren Möglichkeiten orientieren. Sie wollen nicht zum Erfolg getragen oder getrieben werden, sie möchten sich diesen Weg selbst erobern und ihn dann auch selbst gehen.

Müßiggang als Weg zum Erfolg

Vielleicht haben Sie auch schon öfter gehört, dass man Kinder antreiben muss, im Notfall auch mit Strenge, Härte und Unnachgiebigkeit, damit sie sich im Nichtstun und Müßiggang nicht verlieren. Denn das weiß man doch:»Müßiggang ist aller Laster Anfang!« Welcher Irrtum: Müßiggang ist die andere Seite des Erfolgs. Wenn Sie etwas selbstbestimmt geleistet haben, sind Sie zufrieden und können sich zurücklehnen, um sich im Erfolg zu sonnen. Kindern geht es da nicht anders. Sie brauchen die Anstrengung, die alle Kräfte erfordert, um ans Ziel zu kommen, und das Ausruhen, um die erreichte Etappe zu genießen, um sich fallen zu lassen und sich – auch von selbst auferlegten Zwängen – zu befreien. Kinder brauchen Zeiten, die vorstrukturiert, die geplant sind, die sie einzuhalten haben. Aber sie brauchen zugleich Zeiten, die sie frei gestalten können, Zeiten, in denen sie sich im Spiel verlieren dürfen und dadurch Kraft schöpfen können für neue Herausforderungen, die bald anstehen werden.

Extrinsische und intrinsische Motivation

So, wie es die selbstbestimmten Leistungen gibt, denen sich Kinder gern unterwerfen, und die fremdbestimmten, die viele Kinder fürchten, weil sie mit Zwang verbunden sind, so gibt es auf der anderen Seite auch zwei Formen der Motivation. Die sozialpädagogische Forschung unterscheidet die extrinsische von der intrinsischen Motivation. Das ist für die Themen Leistung und Erfolg wichtig. Etwas vereinfachend kann man es so formulieren:

• Die extrinsische Motivation entspricht der fremdbestimmten Leistung.
• Der selbstbestimmten Leistung liegt die intrinsische Motivation zugrunde.

Was sich etwas akademisch-kompliziert anhört, lässt sich – auch wenn ausgewiesene Motivationsforscher an dieser Stelle wahrscheinlich genervt aufstöhnen – vereinfacht so zusammenfassen:

• Kinder, die Spaß an ihrem Tun haben, die sich an selbst erbrachten Leistungen erfreuen, sind intrinsisch motiviert. Ihnen vergeht nicht die Lust zu üben, sie machen es immer und immer wieder, sie probieren sich ständig aufs Neue aus. Sollte mal etwas schiefgehen, dann ist so ein Misserfolg kein Grund aufzugeben, sondern lediglich Ansporn, es aufs Neue zu versuchen.

• Die extrinsische Motivation arbeitet dagegen mit Belohnung – seien es gute Noten, schulische, sportliche oder andere Erfolge oder die soziale Anerkennung.

Während die intrinsische Motivation die Heranwachsenden ermutigt, ihren eigenen Weg zu finden und dann auch zu gehen, aber zugleich zeigt, dass zum Erfolg auch das Misslingen und die Frustration dazugehören können, treibt die extrinsische Motivation von außen an. Sie macht abhängig vom Lob der anderen. Und bleibt die Anerkennung aus, ist Frustration die Folge, mit der das Kind schlecht zurechtkommt. Während ein intrinsisch motiviertes Kind ein fehlendes Erfolgserlebnis zum Anlass nimmt, es aufs Neue zu versuchen, geben extrinsisch Motivierte bei Misserfolgen schneller auf und entwickeln eine »Null-Bock-Stimmung«. Ihnen wird das Üben für die Schule oder für den Musikunterricht oder das Training im Sportverein zum Gräuel.

Reflexionsoffene Motivation

Wer das Ziel dem Weg unterordnet – und das ist bei der extrinsischen Motivation der Fall –, der behindert die Entwicklung, da er alles nur auf den Erfolg ausrichtet und mögliche Chancen, die im Augenblick stecken, nicht mehr wahrnehmen kann.

Hinzu kommt noch ein anderer Aspekt: Motivation muss sich immer an der kindlichen Persönlichkeit, an seinen Kompetenzen und Möglichkeiten orientieren. Deshalb ist ein Begriff wie »reflexionsoffene Motivation« angemessener: Reflexionsoffen beschreibt eine Erziehungshaltung, die das Kind in den Mittelpunkt stellt. Reflexionsoffen bedeutet, das Kind dort zu fördern oder es herauszufordern, wo es seine Stärken hat, seine Talente zeigt.

Wenn Sie Ihr Kind also reflexionsoffen motivieren, nehmen Sie es so an, wie es sich zeigt. Sie orientieren sich an seinen Alters- und Entwicklungsbesonderheiten und geben auf die Signale acht, die das Kind sendet.

Diese Aspekte und Überlegungen bringen Nele dazu, sich zu fragen, inwiefern ihre eigenen Wünsche das Verhalten zu ihrem Sohn prägen und wie stark ihre eigenen Eltern sie beeinflusst haben.

Lebenslinien – Lebensmuster – Lebensaufgaben

Nele erinnert sich. Direkt nachdem sie erfahren hatte, dass sie schwanger war, fasste sie den Entschluss, dass ihr Kind es einmal besser haben sollte als sie. Das war ein impulsiver Gedanke, den sie eigentlich nie wirklich hinterfragt hatte.

Was war denn in ihrer Jugend nicht gut gelaufen? Inwiefern hatte sie sich benachteiligt gefühlt? Sicher, ihre Eltern hatten generell nicht viel Zeit für sie gehabt. Beide waren zu sehr in ihr Möbelgeschäft eingespannt gewesen. Ihre Hausaufgaben hatte sie zum Beispiel fast immer allein machen müssen. Aber da sie keine Schwierigkeiten in der Schule gehabt hatte, war das kein Problem gewesen. Sie hatte die Schule gut allein geschafft und mit ihrem Notendurchschnitt im Abitur hätte sie alles Mögliche studieren können. Dass sie sich dann für Grafikdesign entschied, hat sie bis jetzt nie bereut. So kann sie immer von zu Hause aus arbeiten und sich gleichzeitig auch um Jasper kümmern. Denn wenn die Eltern mehr Freizeit mit ihr verbracht hätten, wäre das schon schön gewesen. In den Zeiten, in denen das mal geklappt hatte, hatten sie viel Spaß zusammen gehabt.

Prägung durch die eigene Geschichte

Nele lächelt. Sie denkt an das Baumhaus, das ihr Vater extra für sie gebaut hatte. Darin hatten sie sogar ab und zu gemeinsam übernachtet. Nein, es war wirklich nicht so, dass ihr Geborgenheit gefehlt hätte. Aber irgendetwas war anscheinend eben doch zu kurz gekommen …

Es war an einem Donnerstag. Neles Eltern hatten gerade die neuen Prospekte für ihr Möbelhaus bekommen. Stolz fragten sie

Nele, was sie davon hielte. Eigentlich waren Nele die Prospekte egal. Aber sie spürte, wie viel sie ihren Eltern bedeuteten. So schaute sie die bunten Möbelbilder an und meinte:»Schön. Sehr schön. Vor allem die rote Couch.« Die Eltern lachten und fragten sie, ob sie Lust hätte, die Prospekte in die Ständer zu verteilen. Große Lust hatte Nele nicht, aber sie nickte trotzdem, weil sich ihre Eltern doch so über die neuen Prospekte freuten.

Da kam Neles Freundin Caroline strahlend in den Laden gerannt »Nele, ich hab ein Klavier bekommen! Jetzt kann ich Klavierspielen lernen.«

»Aber ein Klavier ist doch superteuer«, erwiderte Nele überrascht. Sie hatte ihre Eltern vor einiger Zeit gebeten, ihr eines zu kaufen, weil sie so gern Klavierspielen lernen würde und ihr Musiklehrer gesagt hatte, sie sei talentiert.

»Ein Klavier – weißt du, was das kostet!«, hatte ihr Vater geantwortet. Ihre Mutter hatte ihre Enttäuschung bemerkt und versucht, sie zu trösten:»Wir finden bestimmt was anderes für dich.« Und jetzt hatte Caroline ein eigenes Klavier!

»Meine Eltern haben es gebraucht besorgt«, erzählte Caroline begeistert weiter. »Und morgen habe ich meine erste Klavierstunde!« Dann verschwand sie auch schon wieder.

Nele dachte an die Gitarre, die seit Wochen unberührt in ihrem Zimmer stand. Ihre Eltern hatten sie ihr zum letzten Geburtstag geschenkt. Aber eine Gitarre war kein Klavier. Nele tat sich schwer, die Töne auf den Saiten richtig zu treffen. Und weil Nele sowieso viel lieber Klavier gespielt hätte, machte ihr auch das Üben keinen Spaß. So ging sie nur ein-, zweimal zum Unterricht.

Nachdenklich sortierte Nele letzte Prospekte ein. Als ihre Mutter dazukam, lobte sie ihre Tochter.»Prima hast du das gemacht!«

»Caroline hat ein Klavier bekommen«, antwortete Nele.

»Ach ja«, bemerkte ihre Mutter.»Nur gut, dass wir uns damals nicht so in Unkosten gestürzt haben. Das wäre jetzt doch nur ein Staubfänger wie deine Gitarre. Wir dachten ja, wir tun dir damit was Gutes. Aber wie man's macht, macht man's verkehrt!«

Dieser Satz von Neles Mutter kam in vielen Situationen auch in ihr hoch. Vielleicht war es an der Zeit, ihn umzuschreiben. Aber wie? Denn Prägungen zu entdecken ist eine Sache. Die Frage ist nur, wie geht man jetzt damit um?

{ Prägung }

WAS BRINGT MAN MIT?
WIE WIRD MAN GEPRÄGT?

- **In welchen Situationen holen mich als erwachsene Person Prägungen aus der Jugend wieder ein?**
- **Was möchte ich anders machen?**
- **Was habe ich an meinen Eltern abgelehnt?**
- **Was habe ich gemocht?**

Fazit

»Ich will nie so werden wie meine Eltern! Ich will alles anders machen! Mein Kind soll es einmal besser haben!« Solche Sätze haben viele Eltern schon einmal gedacht. Doch wenn wir unseren Erziehungsstil aus der Abgrenzung zu den eigenen Eltern heraus entwickeln, ist es auch nicht wirklich der eigene Stil. Das Bemühen, sich abzugrenzen und es anders zu machen, gibt dann zwar die Richtlinien vor. Doch die Person, um die es eigentlich gehen sollte – nämlich unser Kind –, kommt zu kurz.

Erziehung heißt Begleitung. Und wir können nur dann unterstützend begleiten, wenn wir unser Kind auch in seiner individuellen Persönlichkeit wahrnehmen und bereit sind, uns auf es einzulassen. Das bedeutet, dass wir versuchen herauszufinden, was dem Kind guttut. Und dass wir es nicht in ein vorher festgelegtes Bild von dem, was ihm guttun könnte, hineinpressen wollen, weil wir unsere eigenen unerfüllten Wünsche auf das Kind übertragen.

Die Zauberformel hierfür heißt: Generell auf die Stärken schauen und nicht auf die Schwächen. Das gilt freilich nicht nur für unser Kind, das gilt auch für uns selbst und es gilt auch für unsere Eltern. Wo sind Dinge gut gelaufen? Wo haben wir uns wohlgefühlt? Wo fühlen wir uns stark? Nele Körner hat sich diese Fragen gestellt und hat ihre eigenen Antworten gefunden:

Neles Stärken:
- Bereit zu sein, sich mit der eigenen Geschichte auseinanderzusetzen.
- Bereit zu sein, alte Pfade zu verlassen und es anders zu machen.
- Sich der Gefahr bewusst zu sein, dass das Beste zu wollen nicht unbedingt das Beste für Jasper ist.

Die Stärken ihrer Eltern:
- Nicht alles im Blick haben zu müssen, auch zulassen zu können, nach dem Motto: Weniger ist mehr.
- Vertrauen in ihr Kind zu haben, dass es zurechtkommen wird.
- Mit der Gefahr leben zu können, die Lässigkeit auch beinhaltet.

Jaspers Stärken:
- Sein Wille, den eigenen Weg zu gehen.
- Seine Persönlichkeit zu behaupten und sich gegen Vergleiche zu wehren.
- Unterstützung einzufordern, wenn er nicht mehr weiterweiß.

Nele lehnt ihre Kindheit heute nicht mehr ab, deshalb braucht sie bei Jasper nicht mehr alles anders zu machen. Sie hat gelernt, ihren eigenen Weg zu gehen, weil sie ihre Stärken sieht. Und weil sie ihre Stärken sehen kann, vermag sie nun auch Jaspers Stärken zu sehen. Deshalb lautet ihr neuer Glaubenssatz:

»Es wäre schön, wenn mein Kind
es im Leben zu etwas bringt.
Aber das liegt nicht in meiner Hand.
Erfolg ist eine Reise, kein Ziel.«

Es ist natürlich nicht verwerflich, wenn Eltern sich um die Zukunft ihrer Kinder kümmern und für ihren Lebensweg Erfolg wünschen. Aber Erziehung ist nicht Vorbereitung auf das Leben. Erziehung ist das Leben selbst. Deshalb begleiten Sie Ihr Kind im Hier und Jetzt und schauen Sie nicht darauf, was irgendwann in vager Zukunft einmal sein wird.

{ Tipp }

SO HELFEN SIE IHREM KIND, EINE EIGENE PERSÖNLICHKEIT ZU ENTWICKELN

- Halten Sie sich immer vor Augen, dass jedes Kind einzigartig ist. Was für das eine Kind passt, muss nicht für das andere passen. Also bloß nicht nach dem Grundsatz handeln: »Was nicht passt, wird passend gemacht.«

- Kinder möchten Begleitung, keine Verplanung.

- Wenn Sie Ihrem Kind zeitliche und räumliche Strukturen geben, prüfen Sie in regelmäßigen Abständen, ob diese Strukturen noch passen. Also nicht Kinder an den Strukturen orientieren, sondern Strukturen an den Eigenarten der Kinder.

- Kinder möchten Eltern, die sie motivieren, die sie zu Leistungen herausfordern. Aber das alles muss sich an den Eigenheiten, an der Individualität des Kindes orientieren.

- Wer in seiner Erziehung alles anders machen will als seine Eltern, wertet diese und ihre Kompetenzen ab. Überprüfen Sie daher, was Ihnen in Ihrer Kindheit gutgetan hat und was Sie deshalb in Ihrer Biografie beibehalten und weiterführen wollen. Grenzen Sie sich nur gegen das ab, was Ihnen nicht gutgetan hat, und beschreiten Sie eigene Wege.

Ein Jahr später …

Nele hat Sven, einen älteren Jungen aus der Nachbarschaft, als Nachhilfecoach für Jasper engagiert. Seitdem funktioniert es wunderbar mit den Hausaufgaben. Sven ist Jaspers Vorbild geworden. Und da Sven Karate macht, wollte Jasper das auch unbedingt ausprobieren. Inzwischen ist er voller Begeisterung dabei und darf heute beim Schulfest sogar schon bei einer Präsentation mitmachen. Voller Vorfreude wandert Jaspers Blick über die Bänke mit den Zuschauern. Er entdeckt seine Eltern. Nele und Mario winken ihm zu, deuten an, dass sie ihm die Daumen drücken. Dann steht Nele plötzlich auf, zieht ihren Mann mit sich und beide eilen noch schnell zu Jasper hin. Nele drückt ihren Sohn kurz und flüstert ihm ins Ohr: »Jasper, wir sind sehr stolz auf dich! Du machst das bestimmt toll!«

Und Mario klopft anerkennend auf seine Schulter: »Hey, Karate! Ich weiß nicht, ob ich mich das je getraut hätte! Respekt!«

Jasper strahlt und zieht seinen Karateanzug zurecht. »Wenn du willst, Papa, kann ich dir ein paar Tricks beibringen.«

Sein Vater lächelt etwas gequält. So ganz geheuer ist ihm das nicht. »Kann ich das entscheiden, nachdem ich mir das alles hier angeschaut hab?«

»Klar«, meint Jasper. »Aber es ist gar nicht so schwer. Du musst nur üben, üben, üben!«

Und kurze Zeit später, während der Präsentation, erkennen Nele und Mario ihren Sohn nicht wieder. Aus dem schmächtigen, zarten, anfälligen Büblein ist ein richtig zäher Bursche geworden, der willensstark und energiegeladen seine Übungen absolviert. Nele erschreckt sich richtig bei Jaspers Karateschrei. So viel Temperament und Kampfgeist hätte sie ihm nie zugetraut. Und sie wundert sich. »Von wem hat er das nur?«

2

»Meine Kinder sollten mir schon gehorchen.«

Drei Jahre ist es jetzt her, dass Pia Weber sich von ihrem Mann Daniel getrennt hat. Damals war sie 33, ihre Tochter Lena war sieben, ihr Sohn Niklas acht Jahre alt. Der Schritt, sich zu trennen, war ihr nicht leichtgefallen. Aber das Zusammenleben mit Daniel entzog ihr immer mehr Energie. Sie hatte das Gefühl, dass die Verantwortung grundsätzlich an ihr hängen blieb. Wenn sie ihn mal so weit hatte, dass er mit anpackte, war er keine echte Hilfe, denn er brachte nur alles durcheinander. Für ihn war der alltägliche Kleinkram eigentlich bloß Ballast. Was wirklich zählte, waren seine »Visionen«, von denen er einige durchaus zu verwirklichen versuchte. Das erste Projekt, das er anging, war eine Kneipe, die er noch während seines BWL-Studiums mit einem Kumpel aufmachen wollte. Das Ganze scheiterte. Dann versuchte er, angeregt durch einen anderen Kumpel, sein Glück im Geschäft mit Ostimmobilien. Auch das ging jedoch schnell den Bach hinunter. Seither fährt er Taxi, um die Zeit bis zum nächsten Job zu überbrücken. Und diese Überbrückung dauert nun schon fünf Jahre.

Dabei war es genau die Fähigkeit, große Pläne zu schmieden, die Pia anfangs an Daniel faszinierte. Er malte seine Träume in den schillerndsten Farben aus: sei es eine Schafzucht in Neuseeland aufzumachen, eine Tauchschule auf den Malediven oder alles Ersparte in einer Segelyacht anzulegen, um einmal um die Welt zu segeln. Daniel wollte nach dem Motto von Mark Twain leben: »Trenne dich nicht von deinen Illusionen. Wenn sie verschwunden sind, wirst du weiter existieren, aber aufgehört haben zu leben.« Für den Alltag mit einer Familie fehlten ihm jedoch die Visionen. Vielmehr dachte er, dass er sich auch hier irgendwie durchwursteln könnte. Verlässliche Rituale, Sicherheit, Verantwortung fand er zwar gut, aber nur, wenn er nicht dafür geradestehen musste. Und irgendwann gingen Pia die Träume, die sie einst so fasziniert hatten, auf die Nerven. Ihre Migräne, unter der sie ab und zu mal litt, wurde schlimmer, dazu kam eine chronische Bronchitis. Und als ihre Mutter mal aus Scherz zu ihr sagte: »Wen willst du denn anbellen?«, als sie hustete, da wusste Pia, wer es war: Daniel. Ab diesem Moment begann sie sich mit dem Gedanken zu befassen, ob es ihr ohne ihn nicht vielleicht besser gehen würde. Zumal sie sich in letzter Zeit auch nur noch gestritten hatten wegen jeder Kleinigkeit. So beschlossen sie nach vielen Gesprächen und einem Beratungsanlauf, dass es besser sei, sich zu trennen. Besser gesagt:Pia beschloss es und Daniel stimmte zu.

»Im Leben wird dir nichts geschenkt«

Seitdem geht es Pia körperlich besser. Auch die Kinder scheinen befreiter, weil die vielen Streitereien im Haus die Stimmung schon sehr gedrückt hatten. Eines jedoch hat Pia unterschätzt: Das ist der Druck, den sie sich selbst durch die Trennung auferlegt. Denn seitdem wird sie vom Perfektionsdrang getrieben, will allen beweisen, dass sie allein nicht nur gut zurechtkommt, sondern sogar besser als gemeinsam mit ihrem Mann. Das liegt auch daran, dass vor allem ihre Schwiegereltern ihr Vorwürfe machen, dass sie den Kindern den Vater weggenommen habe. Manchmal zweifelt sie insgeheim selbst, ob die Trennung richtig war, doch ein Nein kann sie vor sich selbst nicht zugeben und flüchtet sich dann in Strenge – sich selbst und den Kindern gegenüber. Nicht zuletzt um sich selbst anzutreiben, beherrschen Sätze wie diese ihr Lebensmotto:»Im Leben wird einem nichts geschenkt. Ohne Disziplin geht es nicht. Ich kann es auch alleine schaffen, notfalls mit aller Härte.«
Pia arbeitet seit einiger Zeit halbtags in der Kanzlei eines Steuerberaters. Ihr Traumberuf wäre Architektin gewesen, aber das hatte sie sich abgeschminkt, als die Kinder kamen. Jetzt findet sie es auch gut, dass sie für die beiden da sein kann, und das versucht sie, so perfekt hinzubekommen, wie es ihr möglich ist.

Mit der Härte und dem Strengsein hat Pia allerdings so ihre Schwierigkeiten. Sie sucht noch nach dem richtigen Maß an Konsequenz, wenn Lena und Niklas mal wieder nicht das machen, was sie sagt. Vor allem will sie nicht, dass die Kinder sie irgendwo blamieren, weil sie sich unerzogen benehmen. Aber merkwürdigerweise führen sie sich vor allem bei ihr unmöglich auf. An diesem Nachmittag ist es mal wieder so weit.

»Wer nicht hören will, muss fühlen«

Heute muss Pia etwas länger in der Kanzlei bleiben. Deswegen hat sie ihre Mutter Tessa gebeten, das Mittagessen mit den Kindern zu übernehmen. Der Vormittag war anstrengend und Pia hofft, dass Lena und Niklas sich heute nicht wieder auf eine Kraftprobe in Sachen konsequenter Erziehung mit ihr einlassen wollen. Denn in letzter Zeit kommt es öfter vor, dass sie Absprachen nicht einhalten und nur unter Druck dazu gebracht werden können, ihr Zimmer aufzuräumen, beim Abwasch zu helfen, den Mülleimer runterzutragen ... Diese Dinge funktionieren wunderbar, wenn sie Besuch haben. Wenn Pia jedoch mit den Kindern allein ist, redet sie sich oft den Mund fusselig. Und erst wenn sie zum Beispiel damit droht, das Abendritual zu streichen oder Fernsehverbot zu erteilen, dann folgen sie murrend.

Diese Gedanken gehen Pia durch den Kopf, als sie die Haustür öffnet. Aus der Küche tönt ihr Gelächter und Musik entgegen. Da scheint ja jemand viel Spaß zu haben. Sie schaut in die Küche.

»Na, feiert ihr eine Party? Kann ich mitfeiern?«

Mit Tomatensoße beschmiert begrüßt sie ihr Sohn:

»Hi, Mama, wir haben mit Oma ein ganz tolles neues Spaghettirezept ausprobiert!«

»In der ganzen Küche?« Pias Stimmung sackt schlagartig auf den Nullpunkt. Die Küche sieht aus, als seien mehrere Dosen Tomaten explodiert. Vorwurfsvoll schaut Pia ihre Mutter an. Die lächelt unbekümmert:»Die Soße schmeckt besser, als es hier aussieht.«

Und Pias Tochter Lena mischt sich ein.»Es war total super, Mami!

Wir haben so getan, als würden wir für eine Kochshow proben.«
»Und wer macht das Chaos jetzt weg?«
Pia spürt, wie der Druck in ihr anwächst und wie üblich langsam in ihren Kopf wandert.
Ihre Mutter legt beschwichtigend die Hand auf ihre Schulter. »Jetzt mach dich mal locker. Die beiden machen das schon. Sie haben es mir versprochen.«
Lena und Niklas nicken brav.
Und dann verabschiedet sich Tessa. Sie müsse zum Bauchtanz.
Pia glaubt, nicht richtig zu hören. »Bauchtanz? In deinem Alter? Wie peinlich ist das denn?«
»Vielleicht für dich! Ich fühl mich damit wohl.« Tessa lacht. »Weißt du, was Marlene Dietrich einmal gesagt hat? ›Wenn ich mein Leben noch einmal leben könnte, würde ich die gleichen Fehler machen. Aber ein bisschen früher, damit ich mehr davon habe.‹«
Dann erinnert sie Pia mal wieder daran, dass sie ihrem Vater die besten Jahre ihres Lebens geschenkt habe und jetzt, nachdem er ja schon ein paar Jahre tot sei, endlich auch mal das tun wolle, was ihr Spaß mache. Danach verabschiedet sie sich mit einem provozierenden Bauchtanz-Hüftschwung.
Niklas findet das »total cool« und Lena versucht, es ihr gleich nachzumachen.
Pia dagegen ist einfach nur genervt und erinnert ihre Kinder an das Versprechen aufzuräumen.
Die beiden behaupten jedoch, jetzt keine Lust zu haben, und wollen es auf später verschieben. Das passt Pia aber nicht, weil es sie erstens stört, dass es in der Küche so aussieht, und weil sie sich zweitens gut genug kennt, um zu wissen, dass sie am Ende doch wieder resigniert und selbst sauber macht.
»Manno, Mama, jetzt sei mal ein bisschen locker!«, wiederholt Lena Omas Spruch.
Das bringt Pia noch mehr in Fahrt. Sie besteht darauf, dass die beiden ihr gehorchen und auf der Stelle beginnen, die Überbleibsel der »Soßenschlacht« zu beseitigen.

Die Kinder stellen sich aber weiterhin quer und weigern sich, sofort anzufangen. Und diesmal bewirken selbst die üblichen angedrohten Strafen – kein Abendritual und Fernsehverbot – überhaupt nichts bei den beiden. Lena und Niklas verschwinden einfach wortlos in ihre Zimmer.

Pia ist unglaublich wütend über den Ungehorsam der beiden. Sie fühlt sich dermaßen hilflos und alleingelassen, dass sie die angekündigten Strafen diesmal durchzieht – obwohl es ihr leidtut, mit ihren Kindern so im Streit zu liegen.

Selbstzweifel und Schuldgefühle

Später im Bett macht sie sich große Vorwürfe. Verliert sie durch ihre Strenge die Liebe ihrer Kinder? Ist sie auf dem besten Weg, Lena und Niklas nur noch zu nerven?

Aber es kann doch schließlich nicht angehen, dass die beiden einfach nicht gehorchen! Was soll sie denn sonst tun, um sich durchzusetzen, wenn nicht Strafen zu verhängen?

Sie grübelt darüber nach, dass sie sich von ihrem Mann getrennt hat, weil sowieso immer alles an ihr hängen blieb. Doch ist es jetzt wirklich besser? Und hat sie tatsächlich die Familie zerstört, wie die Schwiegereltern sagen? Wenn die Kinder bei ihnen zu Besuch sind und mal über die Stränge schlagen, reibt ihr der Schwiegervater immer unter die Nase, dass die strenge Hand des Vaters fehle. Als ob Daniel der konsequente oder gar strenge Typ gewesen wäre! Neulich hat Opa Pia sogar ein Buch geschenkt:»Das Lob der Disziplin« von Bernhard Bueb. Aufgebracht hatte Pia es ungelesen ins Bücherregal gestellt.

Sie wird es ihren Schwiegereltern schon zeigen! Allen wird sie es zeigen! Als sie noch einmal ins Zimmer der Kinder schaut, schlafen beide entspannt. Und Pias Blick fällt auf ein Plakat, das über Lenas Bett hängt. Daniel hat es ihr einmal geschenkt. Es ist ein Spruch von Mark Twain:»Gib jedem Tag die Chance, der schönste deines Lebens zu werden.«

Pia seufzt: Wenn das nur so einfach wäre …

»Meine Kinder sollten mir schon gehorchen.«

Sätze wie diese prägen das Erziehungsmotto von Pia Weber:

- Im Leben wird einem nichts geschenkt.
- Ohne Disziplin geht es nicht.
- Wer nicht hören will, muss fühlen.
- Man muss sich jeden Tag neu beweisen.
- Man muss hart sein – auch gegen sich selbst.

Wie lernen Kinder, sich an Absprachen zu halten?

Pia Weber hat diese Sätze verinnerlicht. Aber so ohne Weiteres lassen sie sich im Alltag mit Kindern nicht umsetzen. Irgendetwas scheint Pia falsch zu machen. Ist sie zu oft nachgiebig? Denn wenn sie mal »hart durchgreift«, dann kommen ihr schnell auch Zweifel. Wie bei der Sache mit Lena …

Einerseits hat Pia Verständnis dafür, dass ihre Tochter gern diskutiert, alles hinterfragt. Aber Lena muss irgendwie ständig das letzte Wort haben. So war es auch neulich:

Pia hatte Lena erlaubt, bis sieben Uhr zu ihrer Freundin zu gehen. Doch dann sagte sich an diesem Tag Pias Schwiegermutter Gertrud um sechs Uhr zum Abendessen an.

Pia versuchte nun, ihre Tochter zu überzeugen, zu Hause zu sein, wenn ihre Großmutter kommt. Denn die ist immer sehr enttäuscht, wenn sie ihre geliebte Enkelin nicht sieht.

Doch obwohl Lena auch sehr an ihrer Oma hängt, sperrte sie sich gegen Pias Argumente. Mal antwortete sie:»Ich bleib aber bis sieben.« Oder sie fragte trotzig nach:»Warum schon um sechs?«

Pia versuchte, es ihrer Tochter in gleichbleibend ruhigem Ton zu erklären, spürte aber, wie in ihr allmählich die Wut hochkochte, ihre Stimme heller wurde und einen bedrohlich fordernden Klang bekam. Lena merkte an, sie solle vor Wut doch nicht gleich durchdrehen, und Pia antwortete gereizt, dass sie überhaupt nicht wütend sei. Als Lena daraufhin seelenruhig erwiderte:»Du platzt doch gleich«, fauchte sie:»Du bist um sechs zu Hause!«

Daraufhin fragte Lena lächelnd:»Warum um sechs?«

Und Pia schrie:»Weil ich es will! Du bist um sechs zu Hause!«

Worauf Lena ganz cool konterte:»Du bist autoritär. Du bist ein General. Du bist wie Opa, nur schlimmer!«

In diesem Moment hätte Pia Weber ihrer Tochter eine scheuern können und nur mühsam hielt sie sich zurück.

Bei Machtkämpfen gibt es nur Verlierer

Sicher, Pia ist der Meinung, ohne Disziplin geht es nicht. Aber muss das immer im Kampf durchgesetzt werden, immer so, dass es einen Verlierer gibt? Und sie denkt nach, wer denn hier wohl der Verlierer gewesen ist.

Und dann ist da die Sache mit den Frechheiten, die Niklas sich ihr gegenüber erlaubt. Niklas ist zwar eigentlich ein ganz lieber Junge, aber wenn Pia ihm mal etwas nicht erlaubt oder auf Themen zu sprechen kommt, die ihn nerven, beispielsweise Hausaufgaben machen, kann Niklas richtig ausfallend werden. Er erlaubt sich Dinge, die regelrecht unter die Gürtellinie gehen. Sätze wie»Du blöde Kuh!« oder»Du kotzt mich an!« gehören dann noch zur harmloseren Sorte. Pia Weber ist in solchen Momenten komplett hilflos. Das Einzige, was ihr dazu einfällt, ist: »Das nimmst du sofort zurück!«

Und wenn Niklas daraufhin frech fragt:»Warum?«, erwidert sie scharf:»Weil mich das absolut verletzt.«

Niklas beeindruckt sie damit kaum. Er zuckt nur gelangweilt und genervt mit den Schultern und murmelt eine Entschuldigung, von der man spürt, dass sie nicht wirklich ernst gemeint ist.

Wenn Pia Weber ihren Sohn nach solch verbalen Provokationen dann wutentbrannt in sein Zimmer schickt, lächelt er seine Mutter nur herausfordernd an, als wolle er sagen: »Komm, du meinst es doch sowieso nicht ernst.«

Einmal sagt er beim Hinausgehen noch: »Tschüss, du blöde Kuh!« Und als Pia dann ruft: »Das nimmst du jetzt zurück«, erwidert er nur spöttisch lächelnd: »Ich gehe jetzt, du blöde Kuh!«

Pia will ihm hinterher in sein Zimmer, aber er hat abgeschlossen und sie hört, wie er am Telefon zu seinem Freund sagt: »Meine Ma ist wieder durchgedreht, mal sehen, was die noch alles bringt.«

Pia ist so sauer, dass sie sich bis zum Abend nicht wirklich beruhigen kann. Als Niklas zum Essen erscheint, erklärt sie: »Für das, was du dir heute geleistet hast, gibt es eine Woche Hausarrest.« Diese Strafe zu verkünden ist natürlich Blödsinn, denn ihr ist von vornherein klar, dass sie das nicht durchhalten kann. Und nach zwei Tagen ist es auch schon wieder vorbei mit dem Hausarrest. Aber immerhin hören die sprachlichen Frechheiten wenigstens ein paar Tage lang auf.

Überreaktionen aus Hilflosigkeit

Wenn Pia über all das nachdenkt, ist sie verzweifelt, weil sie spürt, dass die Mittel, zu denen sie greift, um Disziplin und Ordnung durchzusetzen und ein respektvolles Miteinander zu erreichen, nicht fruchten. Und sie weiß selbst, dass die harten Strafen, die sie verkündet, aus einem Gefühl von Hilflosigkeit heraus entstehen. Wie sagte eine Freundin mal zu ihr, der Pia das Herz ausschüttete: »Ich kenn das. Da schießt man schnell mal mit Kanonen auf Spatzen und überzieht ganz maßlos.«

Pia konnte ihr da nur recht geben. Aber andererseits ... »nur mit guten Worten kommt man auch nicht weiter«, davon ist Pia überzeugt. Sie glaubt an den Spruch »Wer nicht hören will, muss fühlen«, auch wenn der sich vielleicht etwas antiquiert anhört. Am nächsten Tag kommt es schon wieder zu Krach und Streit. Die Unordnung in Niklas' und Lenas Zimmer hat schier unvorstellbare Ausmaße angenommen. In beiden Zimmern sieht es aus, als ob eine Bombe eingeschlagen hätte. Pia hat schon seit Tagen versucht, ihre beiden Kinder zum Aufräumen zu bewegen. Doch außer Antworten wie »mach ich nachher« oder »mach ich morgen« ist nichts geschehen. Die Unordnung in beiden Zimmern hat nur noch mehr zugenommen. Pia kann es kaum mehr mit ansehen. Ganz knapp ist sie nun davor, die Sache mal wieder selbst in die Hand zu nehmen und die Zeit, in der die beiden in der Schule sind, zu nutzen, um die Zimmer nach ihren Vorstellungen aufzuräumen. So hat sie es schon einmal gemacht und dafür einen Sturm der Entrüstung geerntet. Die Kinder fanden Sachen nicht wieder. Und natürlich war ihre Mutter an allem schuld und sie ließen ihre gesammelte Wut an Pia aus. Daran erinnert sich Pia nun und diesmal hat sie keine Lust, wieder die Buhfrau zu sein. Deshalb wendet sie eine neue Taktik an.

Als Lena und Niklas von der Schule nach Hause kommen, bittet sie die beiden erneut aufzuräumen und gibt als Frist 15.00 Uhr vor. Und sie droht: »Wenn wieder nichts passiert, dann werdet ihr schon sehen, was ihr davon habt!«

Es passiert wieder nichts. Um 16.00 Uhr verkündet Pia dann: »Fernsehen und am Computer spielen sind gestrichen. Das Verbot wird erst aufgehoben, wenn ihr eure Zimmer aufgeräumt habt.«

Augenblicklich machen sich Lena und Niklas motzend und meckernd an die Arbeit. Sie räumen zwar nicht gründlich auf, aber geben sich immerhin so viel Mühe, dass ein deutlicher Unterschied zum vorherigen Chaos erkennbar ist.

Stimmt das Erziehungsmotto wirklich?

Da ihre Taktik geklappt hat, könnte Pia nun eigentlich zufrieden sein – sie ist es aber nicht. Die Maßnahme, zu der sie gegriffen hat, kommt ihr irgendwie bescheuert vor. Sie schüttelt den Kopf und murmelt vor sich hin: »Es ist doch blöd, wenn ich immer mit Verboten drohen muss, um ein gewünschtes Ziel zu erreichen. Warum kommen die beiden nicht von selbst auf die Idee? Warum haben sie kein Interesse an einem ordentlichen Zimmer? Warum muss immer erst gedroht werden?« Pia seufzt.

Anscheinend geht es wohl nicht ohne Drohungen. Und sie sieht ihr Erziehungsmotto mal wieder bestätigt: »Wer nicht hören will, muss eben fühlen.« Trotzdem ist sie unzufrieden. Pia fühlt sich hin- und hergerissen. Da sind auf der einen Seite ihre Erziehungsgrundsätze, die sie bisher begleitet haben und mit denen sie doch irgendwie ganz gut zurechtgekommen ist. Und ihre Kinder sind ja schließlich im Großen und Ganzen auch in Ordnung.

Auf der anderen Seite ist ihr jedoch auch schmerzlich bewusst, wie oft Lena und Niklas aufbegehren. Und sie fragt sich, ob diese Revolten vielleicht weniger ihr gelten als vielmehr ihren Erziehungsgrundsätzen. Als wollten die Kinder ihr zeigen: »Mensch, Mama, denk doch mal darüber nach, was du da machst!« In Pia kommen nun immer mehr Fragen auf:

- Ist es nicht legitim, dass ich meine Kinder bestrafe, wenn sie Absprachen missachten?
- Sind Strafen wirklich so schlimm, wie allgemein immer wieder behauptet wird?
- Sind Verbote nicht notwendig, da die Kinder schließlich manches gar nicht einschätzen können?
- Wie lernen Kinder zu gehorchen?
- Ist Gehorsam nicht wichtig, damit sich Respekt und Achtung aufbauen? Kinder können einem doch nicht ständig auf der Nase herumtanzen!
- Wie bringe ich Kinder dazu, nicht ständig zu widersprechen, sondern bestimmte Dinge auch mal einzusehen?
- Wie müssen Regeln aussehen, damit Kinder sie einhalten?
- Kann man Kinder an der Gestaltung von Regeln beteiligen?

Und Pia Weber zieht für sich die Schlussfolgerung: Vielleicht geht es einfach nicht ohne Druck.

Wie bringe ich Kinder dazu, dass sie gehorchen?

In ihrer Ratlosigkeit greift Pia Weber nun doch zum Buch von Bernhard Bueb, das ihr der Schwiegervater geschenkt hat: »Lob der Disziplin«. Extra für Pia hat er schon Stellen angestrichen.

Bernhard Bueb ist Pia bisher kein Begriff gewesen, was ihr Schwiegervater natürlich nicht verstehen kann. Pia erfährt, dass Bueb dreißig Jahre die Eliteschule Salem leitete und spontan fragt sie sich, inwiefern seine Erfahrungen aus diesem erlesenen Kreis wirklich auf ihre Lebensrealität übertragbar sind. Sie hat nicht das Geld, ihre Kinder auf ein Internat zu schicken. Und sie will es auch nicht. Sie wird es schon allein schaffen. Und vielleicht hilft ihr dieses Buch ja doch weiter ... Schon nach den ersten Seiten muss Pia sich eingestehen, dass sie Schwierigkeiten mit dem Stil hat. Er ist ihr zu antiquiert und lässt sie schnell ermüden. Aber schließlich geht es ja um den Inhalt. Und da beginnt es auch nicht gerade aufbauend. Denn Bueb zeichnet ein düsteres Bild von unserer Gesellschaft, spricht vom »Erziehungsnotstand« und davon, dass Kinder und Jugendliche umgeben sind »von den Vorbildern eines geistigen und charakterlichen Mittelmaßes, das unsere ›Eliten‹ repräsentieren. Zukunftserwartungen, die Jugendliche zu Taten beflügeln könnten, sind Zukunftsdrohungen gewichen: die strukturbedingte Arbeitslosigkeit, die Sinnentleerung unseres Daseins, auch verursacht durch den Verlust der Religion. Die Vergreisung der Gesellschaft, die Ausbeutung der Lebensgrundlagen der Menschen, die Herrschaft des Geldes ...« Pia seufzt. Muss sie erst die Gesellschaft ändern, um gut erziehen zu können? Da kann man doch gleich aufgeben.

Was bedeutet Erziehung?

Bueb schreibt weiter, dass wir den mangelnden Zukunftsaussichten nicht durch Erziehung entgegentreten würden. Pia würde das ja gern tun. Aber wie? Ihr kommt der Gedanke, dass sie sich noch nie gefragt hat, was Erziehung eigentlich bedeutet. Sie hat immer versucht, sie irgendwie zu bewerkstelligen. Vielleicht hätte ihr etwas mehr Theorie ja doch geholfen. Zum Glück ist es dazu ja noch nicht zu spät. Und da findet sie im Text auch schon eine Definition darüber, wie Erziehung sein sollte: »Erziehung bedeutet immer Führung, diese Wahrheit wird durch den Begriff ›Pädagoge‹ bestätigt. Er stammt aus dem Griechischen und heißt Knabenführer. Wer führt, erwartet Gefolgschaft. Da Kinder nicht gehorsam geboren werden, ignorieren sie Anweisungen, rebellieren gegen Erziehungsmaßnahmen, missachten Gebote und wenden alle Mittel an, um ihren eigenen Willen durchzusetzen.«

Na ja, eigentlich findet Pia nicht, dass ihre eigenen Kinder so extrem störrisch sind. Sie haben auch ganz viele guten Seiten. Und Pia weigert sich, diesen generell so negativen Blick auf Kinder zu übernehmen. Vielleicht hat der Verfasser es ja auch gar nicht so gemeint. Sie liest weiter, schließlich will sie ja vor allem etwas über Disziplin erfahren. Und schon ein paar Zeilen weiter folgt ein klares Statement: »Wer konsequent Unterordnung eines Kindes verlangt, beweist Mut vor Zuschauern, die in Deutschland konsequentes Handeln zu häufig missbilligen.«

Erleichtert Disziplin das Erziehen?

Pia überlegt, ob sie nicht manchmal auch zu weich ist, zu viel durchgehen lässt. Sie seufzt, es ist so schwer, immer alles richtig zu machen. Alle scheinen nur darauf zu lauern, dass sie einen Fehler macht. Und manchmal ist sie auch einfach nur müde und fühlt sich alleingelassen und mutlos, dann fällt es ihr schwer, richtig konsequent zu sein. Die Dinge sind für sie einfach im Fluss: Mal hat sie einen guten Tag, mal einen schlechten. Mal stört sie weniger, was die Kinder treiben, und mal mehr.

Aber eigentlich ist es ihr Ziel, perfekt zu sein. Und so wie sie Bueb versteht, gehört zu einer perfekten Erziehung vor allem Disziplin, denn er schreibt schließlich explizit, dass Mut zur Erziehung vor allem Mut zur Disziplin heißt.

Und weiter: »Disziplin verkörpert alles, was Menschen verabscheuen: Zwang, Unterordnung, verordneten Verzicht, Triebunterdrückung, Einschränkung des eigenen Willens.« Ja, ohne Härte geht es wohl nicht, denkt Pia. Das spürt sie ja an sich selbst. Man bekommt eben im Leben nichts geschenkt. Also soll sie doch noch mehr durchgreifen und gar nicht mehr herumdiskutieren? Wenn es nach Bueb geht, ist das der richtige Weg, denn er meint, dass die Fürsorge manchmal Disziplin ohne Debatte gebiete.

Er vertritt ganz klar die Auffassung, dass dann alles leichter gehe:

Viele pädagogische Situationen im Alltag lassen sich ohne Energie und Zeitaufwand regeln, wenn die Erziehenden die Belanglosigkeit der geforderten Unterordnung klar erkennen und konsequent handeln.

BERNHARD BUEB

In Gedanken geht Pia schon viele der Alltagssituationen mit ihren Kindern durch, in denen es oft kriselt, sie will sie auf Buebs Ratschläge hin beleuchten. Na gut, wirkliche Ratschläge sind es ja nicht, eigentlich nur Statements. Ganz konkret hilft ihr das wenig weiter. Und als Bueb nun beginnt, die Erziehung von Kindern mit der Dressur von Hunden zu vergleichen, da fällt es ihr schwer, weiter zu folgen. Das ist so weit entfernt von ihrer Art zu denken, dass sie das Buch schon weglegen will. Jedenfalls macht sie erst mal eine Pause und füllt eine Maschine mit Wäsche.

Als sie dann doch wieder weiterliest, wird ihr vor allem auch durch einige Kriegszitate klar, dass dieser Bernhard Bueb eben wirklich aus einer anderen Generation als sie selbst kommt.

Immerhin, was er zum Spielen sagt, findet sie gut, auch wenn sie es wohl anders ausdrücken würde. »Das zweckfreie Spiel, die Muße, das schöpferische Ruhen sind rar geworden und bilden doch gerade den Humus, auf dem Erziehung gedeiht.«

Auch vieles, was er zum Begriff »Freiheit« sagt, findet ihre Zustimmung, zum Beispiel, dass man Freiheit durch Disziplin erwirbt. Das merkt Pia tagtäglich an sich selbst. Ohne ihre eiserne Disziplin ließe sich ihr Tagespensum gar nicht bewältigen. Und genau diese Disziplin gibt ihr die Möglichkeit seit der Trennung von ihrem Mann, ihr Leben so zu gestalten, wie es für sie stimmig ist. Bueb schreibt dazu: »Freiheit ist mehr als Unabhängigkeit, sie bezeichnet den Willen und die Fähigkeit, sich selbst ein Ziel zu setzen, dieses Ziel an moralischen Werten auszurichten, mit dem eigenen Leben in Übereinstimmung zu bringen und konsequent verfolgen zu können. Selbstbestimmung ist der Begriff dafür.«

Selbstdisziplin ist das Ziel

Selbstbestimmung, ja genau das ist Pias Ziel. Wenn da nicht immer wieder diese Zweifel wären. Hat sie überhaupt das Recht, über sich selbst zu bestimmen? Muss sie nicht zuerst an ihre Kinder denken? Oder daran, was die anderen von ihr erwarten? Wahrscheinlich ist sie doch noch weit von dieser Freiheit entfernt. Pia seufzt, als sie die folgenden Zeilen liest: »Freiheit ist kein Zustand, sie ist die späte Frucht einer langen Entwicklung, man erwirbt sie durch unendliche Stadien der Selbstüberwindung, des Wandels von Disziplin zur Selbstdisziplin.«
Unwillkürlich fühlt sie sich mal wieder klein und ungenügend. Sie grübelt darüber nach, wo sie überall versagt, wie viel sie als Mutter noch lernen muss.
Seufzend liest sie weiter. Buebs Vorschlag, in Schulen und Kindergärten »ritualisierte Formen des Fastens und Übungen des Verzichts« einzuführen, weil er selbst in seiner Internatszeit damit so gute Erfahrungen gemacht habe, kann sie nicht nachvollziehen.
Und langsam spürt sie, dass sie sich bei der Lektüre des Buches immer unwohler fühlt. Das, was dort steht, beschreibt nicht das Verhältnis, das sie gern zu ihren Kindern hätte: »Eltern müssen zu der Macht und Verantwortung ›ja‹ sagen, die ihnen mit der Geburt oder Adoption von Kindern zuwächst. Sie dürfen diese

Macht nicht relativieren, indem sie früh ein partnerschaftliches Verhältnis zu ihrem Kind anstreben.« Pia legt aber schon Wert darauf, dass sie ein solches Verhältnis zu Lena und Niklas hat. Sie möchte mit ihnen auch vieles besprechen und nicht einfach nur Anordnungen erteilen. Das soll jetzt alles falsch sein?

Anscheinend ja, schreibt Bueb doch: »An die Stelle der Erziehung ist längst die Diskussion getreten. Demokratie wird absurd und zur Belastung, wenn alles immer neu verhandelt wird.«

Sind Strafen wirklich notwendig?

Dazu passt für Pia auch die Kapitelüberschrift: »Wer gerecht erziehen will, muss bereit sein zu strafen.« Sie erinnert sich an die Gewissensbisse, die sie hat, wenn sie Strafen verhängt. Sie durchzuziehen fällt ihr so schwer. Aber sie hat einfach noch keine andere Lösung gefunden, wie sie die Kinder dazu bringen soll, ihr zu gehorchen. Bueb jedenfalls merkt an: »Um Sicherheit und Gesundheit von Kindern und Jugendlichen zu gewährleisten, sind Strafen notwendig.« Pia will aber nicht immer nur Disziplin einfordern und so streng sein, dass ihre Kinder Angst vor ihr bekommen.

Macht sie sich diese Sorgen vielleicht ganz umsonst? Kann sie Bueb wirklich glauben, wenn er schreibt: »Klar umrissene, berechenbare, aus Fürsorge verhängte Strafen rufen bei Kindern Furcht, aber nicht Angst hervor. Wenn Furcht vor Strafe durch eine liebende, Kindern zugewandte Person ausgelöst wird, können Kinder damit umgehen, ja sie müssen lernen, sie auszuhalten. Sie gehört zum Aufwachsen und zur Vorbereitung auf das Leben.«

Pia fragt sich, was sie nun mit all den Informationen, Ratschlägen und Statements anfangen soll. Da gibt es so viel Anklage, so wenig wirklich hilfreiche Hinweise. Sie fühlt sich nach der Lektüre noch viel alleingelassener als vorher.

Vor allem ihre Schuldgefühle bekommen durch Zeilen wie diese neue Nahrung: »Keine Zeit haben oder sich keine Zeit nehmen gehört zu den Todsünden in der Erziehung. Alleinerziehende,

Manager, berufstätige Mütter, nervöse Menschen, die keine Prioritäten setzen können, sind besonders gefährdet.« Alleinerziehende! Na klar, jetzt soll sie mal wieder schuld sein! Hilflose Wut steigt in ihr hoch, setzt sich in ihrem Kopf fest – gleich wird sie wieder Migräne bekommen.

Den eigenen Erziehungsweg finden

Das Klingeln des Telefons reißt sie aus ihrer Grübelei. Es ist ihre Schwester Sophie. Als Pia ihr erzählt, wie sie sich gerade fühlt und warum, gibt die ihr einen wirklich guten Rat: »Also ehrlich, Schwesterherz«, redet sie Pia ins Gewissen. »Dieser Bueb ist es doch nicht wert, dass du wegen ihm Migräne bekommst. Jetzt lass dich doch nicht so verunsichern. Zieh dir das doch nicht alles an!«
Pia atmet auf. Ihre Schwester hat recht. Schluss mit der Selbstkasteiung! »Disziplin und Gehorsam« – wer sagt denn, dass es da nicht auch einen moderateren Weg gibt, einen, der Pia mehr entspricht, einen, den sie selbst finden muss oder besser gesagt, den sie selbst finden will. Ihre Schwester hat ihr noch einen Spruch gesagt, den Pia gut findet, sie hat ihn sich auch notiert und liest ihn jetzt voller Zuversicht noch einmal:

D*as Wort »Disziplin« bedeutet lernen – nicht kontrollieren, unterwerfen, nachahmen und anpassen.*

KRISHNAMURTI

Die Begriffe Disziplin und Gehorsam

Das Wort »Disziplin« ist seit einiger Zeit wieder in aller Munde. Eltern wie Pia Weber sind hin- und hergerissen. Auf der einen Seite machen sie sich Gedanken, dass eine Erziehung ohne Regeln Chaos mit sich bringt und eine respektlose Eltern-Kind-Beziehung nach sich zieht. Auf der anderen Seite wollen Eltern zwar, dass ihre Kinder ihren Anordnungen Folge leisten, aber zugleich möchten sie nicht als die Bestimmer daherkommen. Am liebsten wäre es den Eltern natürlich, wenn ihre Kinder von sich aus die elterlichen Regeln befolgen würden. Aber so einfach ist es eben nicht, denn Kinder streben danach, Grenzen auszutesten und die elterlichen Persönlichkeiten immer wieder herauszufordern.

Viele Erziehungswissenschaftler haben sich kritisch mit Buebs Werk auseinandergesetzt und versuchen, ihre Auffassung des Begriffs Disziplin zu erläutern.

Disziplin, so sind sich Erziehungswissenschaftler wie Micha Brumlik oder Rolf Arnold einig, heißt nicht »Unterwerfung unter eine dominante, alles beherrschende Autorität«. In der Auseinandersetzung mit Buebs Buch werden dessen pädagogische und bildungspolitische Defizite sichtbar. Für Autoren wie Brumlik oder Arnold, um nur zwei zu nennen, ist es selbstverständlich, dass Regeln und Rituale unverzichtbar sind, dass Disziplin aber problematisch wird, wenn sie als »Zurichtung« begriffen wird. Disziplin stellt sich nicht als eine »Unterwerfungsdisziplin« dar.

Disziplin auf Disziplinierung reduziert weckt Widerspruch

Kinder haben dann mit Disziplin ihre Probleme, wenn sie auf Disziplinierung reduziert ist, dann rebellieren sie, dann fordern sie diejenigen, die sie beherrschen wollen, heraus. Wer von Kindern erwartet, dass sie Regeln oder Anordnungen befolgen, darf nicht erwarten, dass sie dies sofort und ohne Widerspruch tun. Wenn Kinder sich an Absprachen reiben, wenn sie die Eltern herausfordern, dann gilt es für den Erwachsenen herauszufinden, welches die Ziele des grenzüberschreitenden Verhaltens ihres Kindes sind. Strafen sind dann der schlechteste Ratgeber, weil sie einen Machtkampf heraufbeschwören, an dessen Ende nichts als Hilflosigkeit und Rachefantasien auf beiden Seiten stehen.

Disziplin wird häufig mit Disziplinierung, also mit Gefolgschaft und blindem Gehorsam gleichgesetzt. Im ursprünglichen Sinn bedeutet das Wort Disziplin jedoch Lehre, Unterricht, Ordnung und das Befolgen von Regeln. Disziplinierung arbeitet dagegen mit Zuckerbrot und Peitsche, mit Strafen, die nicht im Zusammenhang mit der Grenzüberschreitung stehen.

»Disziplin ohne Tränen«

Wenn sich Kinder undiszipliniert verhalten, dann sollte man sie die natürlichen Folgen ihres Tuns erfahren lassen. Der österreichisch-amerikanische Psychologe Rudolf Dreikurs hat dies einmal als »Disziplin ohne Tränen« bezeichnet, ein pädagogisches Handeln, das darauf verzichtet, Kinder abzuwerten oder ihnen ihre Würde zu nehmen, wie es bei hitzigen Wortgefechten und Strafen der Fall ist. Stattdessen gilt es mit logischen Konsequenzen, mit natürlichen Folgen zu arbeiten. Nehmen wir folgendes Beispiel, um es deutlich zu machen: Wenn Kinder ihr Zimmer nicht aufräumen, werden sie häufig damit »zur Vernunft« gebracht, dass sie erst dann fernsehen oder mit dem Computer spielen dürfen, wenn sie getan haben, was von ihnen verlangt wurde.

Viel besser wäre es, wenn die Eltern sich zunächst fragen würden, was das Kind dazu bringt, nicht aufzuräumen. Verfolgt es damit ein Ziel, macht es das mit Absicht? Oder ist es einfach noch zu jung, um Ordnung in das Chaos zu bringen? Ein älteres Kind können Sie fragen, ob es Mithilfe wünscht. Falls das Kind diese Unterstützung nicht möchte, lassen Sie es in seinem Chaos. Wenn Ihr Kind dann vielleicht ein geliehenes Buch nicht wiederfindet, muss es diesen Verlust eben von seinem Taschengeld begleichen. Indem Ihr Kind die natürlichen Folgen erlebt, besteht die Chance, dass es den Sinn der aufgestellten Regeln versteht und sie verinnerlicht, sodass es auch dann aufräumt, wenn es nicht von Ihnen aufgefordert wird. Die Disziplinierung setzt dagegen immer Ihre strenge und hartnäckige Anwesenheit voraus. Ihr Kind räumt nur dann auf, wenn Sie quasi hinter ihm stehen oder Sie eine Belohnung in Aussicht stellen. Disziplin, die mit natürlichen Folgen arbeitet, geht davon aus, dass Kinder aus Erfahrung lernen.

Freiheit durch Selbstdisziplin

Disziplin leitet sich aus sich selbst ab. Für die Eltern bedeutet dieses Verständnis von Disziplin, dass sie die Handlungen ihres Kindes verstehen und es über das Verstehen zu einer Verständigung kommt. Allerdings heißt Verständnis für kindliche Handlungen aufzubringen nicht, dass man sie auch akzeptiert. Es ist wichtig, dass die Eltern ihre Kinder in die Verantwortung, genauer gesagt in die Eigenverantwortung nehmen. Das bedeutet, dass sie ihre Kinder die Folgen ihres grenzüberschreitenden Tuns erfahren lassen, weil sie nur auf diese Weise Verantwortungsbewusstsein entwickeln können.

Während Bueb von der »Freiheit durch Disziplin« redet, geht es vielmehr um die Freiheit durch Selbstdisziplin. »Selbstdisziplin kann man als wesentliche Komponente der Eigenverantwortlichkeit verstehen«, so die amerikanischen Erziehungswissenschaftler Robert Brooks und Sam Goldstein. Selbstdisziplin und Eigenverantwortung zeichnen sich dadurch aus, dass das Kind in der Lage ist, in Abhängigkeit von Alter und Entwicklung, Selbstkontrolle zu lernen und Absprachen auch dann zu akzeptieren, wenn keine Erzieherpersönlichkeit anwesend ist.

Parolen helfen nicht

Ein wesentlicher Grund für den Erfolg von Buebs Buch liegt sicherlich auch darin, dass er mit einfachen Ursache-Wirkungs-Thesen arbeitet. Er gaukelt den Eltern, die im alltäglichen Erziehungsstress stehen, allgemeingültige Rezepte vor, wie sich Disziplinlosigkeit vermeiden lässt, damit sie sich sicherer fühlen. Wer jedoch davon ausgeht, dass Erziehung nur dann funktioniert hat, wenn Kinder bereit sind, sich bedingungslos an Autoritäten anzupassen, der hat die Komplexität der Erziehung in der heutigen Zeit nicht begriffen. In der Erziehung kann es nicht um die Unterordnung unter einen besserwisserischen, dominanten Erwachsenen gehen. Laut Rolf Arnold ist Erziehung »prinzipiell wirkungsunsicher«. Und das müssen Eltern lernen auszuhalten.

Begleitung, Beratung und Bestärkung

Eltern brauchen Begleitung, Beratung und Bestärkung bei der Erziehungsaufgabe, keine Autorität, die vermeintlich alles besser weiß und deren Erziehungsmaßnahmen sie blind umsetzen sollen. Sie brauchen Begleiter, die sie in schwierigen Erziehungssituationen verstehen und unterstützen, ihnen aber den Raum lassen, ihre individuellen Entscheidungen zu treffen. Jedes Kind, jede Familie ist schließlich einzigartig und allgemeingültige Rezepte gibt es nicht. Man kann nur bestimmte Richtlinien vorgeben. Eine der wichtigsten lautet, dass Eltern ihre Kinder so annehmen sollten, wie sie sind. Damit das gelingt, müssen sich die Erwachsenen aber auch selbst akzeptieren können, wie sie sind, mit ihren Stärken, aber eben auch mit ihren Schwächen – Schwächen, die sie nahbar und liebenswert machen.

Erziehung kommt von dem lateinischen »educare«, was »hinausführen« oder »etwas hervorbringen« heißt. Erziehung bedeutet also nichts anderes, als das zu verstärken, was im Kind steckt, und nicht etwa darauf zu achten, was ein Kind nicht kann. Konzentrieren sich Eltern vor allem auf Letzteres, bildet sich ein negatives Selbstbild aus, das Kind begreift sich in seinen Schwächen und entwickelt Minderwertigkeitsgefühle.

Erziehung bedeutet deshalb vor allem Hilfe zur Selbsthilfe. Sie konzentriert sich darauf, was ein Kind kann, und bestärkt es darin. Erziehung geht aber noch darüber hinaus, da Erziehung immer auch in Beziehung zu sein bedeutet.

Erziehung heißt, in Beziehung zu sein

Und diese Beziehung vollzieht sich auf zwei Ebenen:
* die Beziehung zum Kind und
* die Beziehung zu sich selbst.

Um das zu konkretisieren: Erziehung vollzieht sich in einem partnerschaftlichen Dialog. Partnerschaftlichkeit meint Gleichwertigkeit, aber nicht Gleichrangigkeit – die Verantwortung in der Familie tragen grundsätzlich immer die Eltern.

Gleichwertigkeit soll heißen: Wir lernen gegenseitig voneinander. Eltern lernen von den Kindern zum Beispiel durch deren Neugierde, deren Forscherdrang, das Bestreben, hinter die Dinge zu schauen, durch ihr Durchhaltevermögen, das sie bei Misserfolgen nicht aufgeben und es immer wieder aufs Neue versuchen lässt.

Kinder lernen von den Eltern im Idealfall, wie man Halt gibt, wie man Geborgenheit vermittelt, was Zuverlässigkeit bedeutet. Sie lernen, wie man zu den eigenen Schwächen steht und somit authentisch ist und wie man sich Herausforderungen und Misserfolgen stellt und an ihnen wächst.

Dies setzt Erwachsene voraus, die ihrerseits neugierig und bereit sind zu lernen und die sich über sich selbst im Klaren sind und sich annehmen können, so wie sie sind.

Wir haben dann eine Beziehung zu uns selbst, wenn wir unsere eigene Kindheit annehmen können, also akzeptiert haben, was wir bekommen haben, und loslassen können, was wir nicht bekommen haben und auch nicht mehr bekommen werden.

Eltern, die eine solche Beziehung zu sich selbst aufgebaut haben, können ihr Kind so annehmen, wie es ist, und brauchen nicht an ihm wieder gutzumachen oder zu kompensieren, was sie selbst in der frühen Kindheit oder Jugend nicht bekommen haben. So gewinnen beide Teile Freiheit: Die Eltern können ihre Kinder loslassen. Sie können sie als eigene Persönlichkeiten wahrnehmen und auf ihrem Weg begleiten, ohne krampfhaft eine bestimmte Richtung vorgeben zu müssen. Die Kinder stehen nicht unter dem Zwang, dass die Eltern an ihnen etwas gut machen wollen, und können sich so entwickeln, wie es ihrem Wesen entspricht. Wenn Kinder losgelassen werden, dann kann Gelassenheit in der Erziehung einziehen, eine Gelassenheit, die jedoch nicht mit Laissezfaire oder Gleichgültigkeit zu verwechseln ist. »Pädagogische Gelassenheit« bedeutet zu akzeptieren, dass man als Vater oder Mutter nicht alles im Griff hat und dass man trotzdem auf Erziehung und somit auf die Verantwortung, Grenzen zu setzen und Konsequenzen zu vermitteln, nicht verzichten kann.

Konsequenz meint nicht Starrheit

Konsequentes Handeln hat nichts mit dem Beharren auf einmal festgelegten Regeln zu tun. Robert Brooks und Sam Goldstein drücken es so aus: »Konsequenz ist nicht gleichbedeutend mit Starrheit oder mangelnder Disziplin. Konsequente Erziehung erfordert auch das überlegte Modifizieren der Regeln oder der Konsequenz. Wenn es notwendig ist, Regeln zu modifizieren, sollte man mit den Kindern darüber sprechen, damit sie die Gründe begreifen und ihre Meinung dazu äußern können.«

Disziplin contra Disziplinierung

Während die Disziplinierung den bedingungslosen Gehorsam oder die Unterwerfung unter eine erwachsene Person ins Zentrum pädagogischer Aufgaben stellt, geht es der Disziplin um Selbstbildung, um Entfaltung von Selbstständigkeit und Freiheit zur Selbstverantwortung. Eltern, die danach handeln, verstehen sich wie ein Gärtner, der genau weiß, wie viel Wasser und Sonne jedes einzelne Pflänzchen braucht. Es geht also darum, die individuelle Persönlichkeit des Kindes im Blick zu haben.

Vier zentrale »Bs«, so eine Formulierung von Rolf Arnold, stehen im Mittelpunkt dieser Art von Pädagogik:

- Bindung
- Begrenzung
- Begleitung
- Bildung

Bindung gibt Sicherheit

Kinder brauchen das Gefühl, sicher aufgehoben, sicher gebunden zu sein. Damit ist nicht gemeint, dass sich Eltern oder Erzieher rund um die Uhr um das Kind kümmern müssen. Bindung setzt sich aus Nähe und Distanz zusammen (zum Thema Bindung siehe auch viertes Kapitel). Kinder müssen die Freiheit haben, sich wegzubewegen, um auf »Erkundungstour« gehen zu können. Gleichzeitig brauchen sie aber die Gewissheit, jederzeit Schutz bei ihrer Bezugsperson zu finden, wenn sie diese Nähe wieder wünschen. Nähe bedeutet aber auch, dass sich die Kinder in all ihren Persönlichkeitsanteilen angenommen und somit geborgen fühlen. Kinder brauchen darüber hinaus andere Kinder als Bezugspersonen. Denn Kinder lernen eben auch durch Kinder und nicht nur durch die ständig um sie herumturnenden Erwachsenen. Sie brauchen Erfahrungsräume, um die verinnerlichten elterlichen Normen und Werte auszuprobieren, um herauszufinden, welche davon funktionieren und welche nicht.

Begrenzung meint nicht Eingrenzung

Im Satz »Kinder brauchen Grenzen« steckt nicht die Rückkehr zu vordemokratischen Zuständen, wie man auf den ersten Blick vielleicht vermuten könnte. Grenzen haben wichtige Funktionen:

- Kinder brauchen die Möglichkeit, sich abzugrenzen, damit sie eigene Räume und Zeiten haben, um sich zu entfalten, unbeobachtet von Erwachsenen.
- Eltern brauchen die Erkenntnis, dass ihr pädagogisches Wirken begrenzt ist. Kinder sind eigenständige, individuelle Persönlichkeiten, die man nicht nach seinen Vorstellungen formen und zurechtkneten kann. Eltern müssen sich der Tatsache bewusst sein, dass Erziehung wirkungsunsicher ist und dass in dieser Wirkungsunsicherheit auch eine Chance liegt. Das bedeutet, den Gedanken von pädagogischer Machbarkeit loszulassen und sich selbst in seiner Unvollkommenheit anzunehmen.

Kinder ins Leben begleiten

Erziehung ist Begleitung der Kinder ins Leben. Damit ist nicht gemeint, sie an die Hand zu nehmen, sondern dass Kinder das Tempo ihrer Entwicklung selbst bestimmen. Und diese Entwicklung ist keine gleichmäßige Fortentwicklung. Manchmal gehen Kinder schnell, manchmal langsam, manchmal bleiben sie stehen. Wer Kinder ins Leben begleitet, muss deren Tempo berücksichtigen. Manche Eltern beschleunigen die Geschwindigkeit der

Entwicklung und werfen damit das Kind aus der Bahn. Manche Eltern verlangsamen sie und halten ihr Kind damit klein, weil sie nicht wollen, dass es erwachsen wird. Begleitung meint einerseits, dass Kinder lernen sollen, selbst zu gehen, aber auch, dass sie zu ihren Eltern zurückkommen können, wenn sie es wünschen. Eltern stellen den sicheren Hafen dar, doch wann die Kinder diesen Hafen aufsuchen, das bestimmen sie selbst.

Disziplin hat mit Bildung zu tun

Disziplin hat nicht allein zu tun mit Erziehen, mit dem »Predigen« von Werten und Ordnung, von Regeln und Ritualen, Disziplin hat auch zu tun mit Bildung. Bildung wiederum hat mit Lernen zu tun und ist das Ergebnis immerwährender Bemühung.

Mit Lernen ist nicht das Vermitteln von Fakten gemeint. Vielmehr geht es darum, soziale und emotionale Fähigkeiten und Fertigkeiten auszubilden. In der Bildung geht es um Musik und Sport, um Bewegung und Spiel, darum, mit Gefühlen fertig zu werden und zum Beispiel Frustrationstoleranz zu entwickeln.

Bei dieser Auffassung von Bildung geht es auch um Selbstkontrolle, darum, Selbstdisziplin aufzubauen. In diesem Sinne lernt man auch sein ganzes Leben lang weiter.

Diese Gesichtspunkte und Überlegungen bringen Pia dazu, sich zu fragen, inwiefern sie ihre eigene Problematik – also streng zu sich selbst sein zu müssen – auf die Kinder projiziert und ob auch Erfahrungen in ihrer Jugend etwas mit ihrem heutigen Verhalten zu tun haben. Warum ist sie in ihren Entscheidungen oft so unsicher und hat Angst, alles falsch zu machen?

Lebenslinien – Lebensmuster – Lebensaufgaben

Pias Eltern betrieben in ihrer Kindheit eine Gastwirtschaft auf dem Land. Zwischen Vater und Mutter kriselte es oft. Pia und ihre um ein Jahr jüngere Schwester Sophie litten unter der angespannten Stimmung, die die Atmosphäre zu Hause oft vergiftete. Wenn Pia ihre Mutter fragte, was sie hätte, antwortete die: »Nichts.« Und ihr Vater seufzte nur: »Du weißt doch, wie sie sein kann.«

In solchen Momenten schwor sich Pia, dass sie – sollte es mit ihrem Partner später einmal nicht mehr funktionieren – auf keinen Fall wegen der Kinder mit ihm zusammenbleiben würde. Ihre Mutter machte auf sie oft einen unzufriedenen Eindruck. Pia versuchte es ihr recht zu machen, versuchte es allen recht zu machen und litt unter der Angst, dass sie mal wieder etwas Falsches tun könnte. Deshalb fiel es ihr auch generell schwer, Entscheidungen zu treffen. Pia grübelte oft und wirkte in sich gekehrt. Ihre Schwester Sophie hingegen war ganz das Gegenteil, der Sonnenschein, dem die Herzen zuflogen. Und für Pia musste sie oft als leuchtendes Vorbild herhalten. Vor allem ihre Mutter betonte gern, wie wunderbar Sophie dies oder jenes wieder gemacht hätte. Pia fand keinen Weg, wie sie sich dem zur Wehr setzen konnte, und reagierte damals schon mit Kopfschmerzen auf den Druck. Das Schlimmste war für sie das schlechte Gewissen, das man ihr machen konnte, wenn sie nicht das tat, was von ihr erwartet wurde. Sie kam sich dann so undankbar vor. Und so war es auch an diesem Sommerwochenende im August …

Prägung durch die eigene Geschichte

Einen Monat war es her, dass Pia ihren 14. Geburtstag gefeiert hatte. Auf ihrer Party hatte sie von ihrer Freundin Rieke als Geschenk die Einladung zu einer Fahrradtour mit Riekes Familie bekommen. Pia fand die Idee ganz toll. Und an diesem Wochenende sollte es endlich so weit sein.

Strahlend berichtete sie ihrer Mutter von dem Plan. Die antwortete nur mit einem knappen »Mhmhm« und erklärte Pia dann, dass am Sonntag eine große Geburtstagsgesellschaft bei ihnen in der Gastwirtschaft feiern wolle und dass nun just eine Bedienung krank geworden sei. Ihre Schwester Sophie habe sofort angeboten zu helfen. Und nun würde sie erwarten, dass Pia dasselbe tue.

Pia schossen die Tränen in die Augen. Sie hatte sich doch schon so sehr auf die Fahrradtour mit ihrer Freundin gefreut.
»Jetzt mach hier kein Theater!«, schimpfte ihre Mutter. »So oft passiert so was ja nicht. Ich geb dir doch nun wirklich genügend Freiheiten. Da kann ich ja wohl erwarten, dass du dies eine Mal auch etwas für uns tust. Jetzt sei doch nicht so undankbar!«
Nein, Pia wollte nicht undankbar sein. Wie konnte sie ihrer Mutter nur erklären, warum ihr dieser Ausflug mit der Freundin so viel bedeutete? Sie suchte nach den richtigen Worten, aber ihre Mutter ließ sie gar nicht erst zu Wort kommen, redete weiter auf sie ein. Fast hatte es den Anschein, als nutze sie die Gelegenheit zu einer längst fälligen Generalabrechnung mit ihr.
»Ich sag ja nun wirklich wenig«, ereiferte sie sich. »Aber glaubst du, mir stinkt es nicht, dass du immer nur an dich denkst? Dein Vater schuftet wirklich von morgens bis abends. Und für mich ist das Leben auch kein Honigschlecken.«
»Bin ich da vielleicht dran schuld?«, blaffte Pia ihre Mutter zornig an. Sie fühlte sich so hilflos.

»Es gibt nichts Undankbareres als Töchter«
Ihre Mutter interpretierte ihr Verhalten jedoch anders. »Na klar, dich geht das mal wieder nichts an«, warf sie ihrer Tochter vor. »Es gibt nichts Undankbareres als Töchter! Ich wünsche dir später die Tochter, die du jetzt bist. Dann wirst du sehen, wie das ist.«
Pia versteinerte innerlich, versuchte jedoch, sich nach außen hin nichts anmerken zu lassen – wie so oft –, und sagte nur: »Schon gut, reg dich ab. Ich bleib hier und helfe euch.«
Ihre Mutter war damit zufrieden und ging zur Tagesordnung über. Pia sagte die Radtour ab und hatte sich damit abgefunden, stattdessen ihren Eltern zu helfen. Aber kurz bevor die Feier losging, bekam sie rasende Kopfschmerzen und ihre Migräne meldete sich wieder. Ihre Mutter gab ihr ein starkes Schmerzmittel und meinte: »Siehst du, wie gut, dass du die Radtour nicht mitgefahren bist. Stell dir vor, das wäre dir unterwegs passiert – wie peinlich!«

Diese Geschichte erinnert Pia daran, dass sie auch heute noch oft das Gefühl hat, alles falsch zu machen. Obwohl sich das Verhältnis zu ihrer Mutter Tessa gebessert hat. Seit dem Tod des Vaters probiert diese sich neu aus, ist dadurch lockerer geworden. Und sie macht ihrer Tochter im Gegensatz zu den Schwiegereltern wenigstens keine Vorwürfe, dass sie sich von Daniel getrennt hat. Das rechnet Pia ihr hoch an und dadurch hat sich ein ganz neues Verständnis zwischen Mutter und Tochter entwickelt. Pia fällt es bloß manchmal noch schwer, sich darauf einzulassen.

Als sie mit ihrer Schwester Sophie darüber redet, kommt heraus, dass es ihr genauso gegangen ist. »Das verfluchte Ding mit der Eigenliebe«, erklärt sie. »Andauernd musst du beweisen, dass du etwas wert bist, dass du gut bist, dass du vor allem alles richtig machst. Und am besten noch, dass du es allen recht machst.«

Pia kann da nur zustimmen. Damit beschreibt Sophie wirklich exakt das, was oft auch in ihr vorgeht. Sophie bestärkt sie in dem Entschluss, endlich mit diesen »zerstörerischen alten Glaubensmustern« Schluss zu machen. Und sie erzählt ihr von verschiedenen Selbsterfahrungsworkshops, die ihr dabei geholfen hätten, sich davon zu lösen. Sie fügt auch hinzu: »Bisher wolltest du von so was ja nichts wissen. Vielleicht überlegst du es dir noch mal.«

{ Prägung }

WAS BRINGT MAN MIT?
WIE WIRD MAN GEPRÄGT?

- **In welchen Situationen holen mich als erwachsene Person Prägungen aus der Jugend wieder ein?**
- **Was möchte ich anders machen?**
- **Was habe ich an meinen Eltern abgelehnt?**
- **Was habe ich gemocht?**

Fazit

Werfen wir einen Blick auf die eigene Biografie, fällt uns schnell ein, was wir nicht bekommen haben. Daraus entsteht eine eigene Erziehungshaltung, die sich aus der Ablehnung der elterlichen Erziehungsstile definiert. »Bloß nicht wie die Eltern werden« ist ein solcher Satz, der vermeintlich Befreiung verspricht, aber in einer Sackgasse endet. »Der Weg nach innen ist der geheimnisvolle Weg«, so hat es einst Novalis formuliert. Wer alles, was früher passiert ist, ablehnt, beraubt sich seiner Wurzeln. Ohne Wurzeln ist aber eine Entwicklung, ist ein Weg im Hier und Jetzt und in die Zukunft nicht möglich.

Das Geheimnis besteht also darin, die Stärken elterlicher Erziehungsstile zu erkunden und damit auch zu lernen, seine eigenen Stärken zu sehen. Und so beginnt Pia damit, genau hinzusehen, wo die Stärken in ihrer Familie liegen.

Pias Stärken:
- Sich als eine eigenständige Persönlichkeit zu begreifen, die weiß, dass Entwicklung nicht ohne Probleme vor sich geht.
- Bereit zu sein, Probleme als Chance zu sehen.
- Nach Lösungen zu suchen, nicht nach Schuldigen.
- Anzuerkennen, dass es keine Entwicklung ohne Widersprüche gibt.
- Die Gründe für die Trennung von ihrem Mann anzuerkennen und dazu zu stehen.

Die Stärken ihrer Mutter:
- Die Familie zusammenhalten zu wollen.
- Sich selbst in ihrer Unvollkommenheit anzunehmen.
- Bereit zu sein, sich zu verändern.
- Vorzuleben, dass es nie zu spät ist, einen eigenen Lebensstil aufzubauen.

Lenas und Niklas' Stärken:
- Sich an Grenzen zu reiben.
- Sich nicht mit Vorgegebenem zufriedenzugeben.

- Beharrlichkeit, um der Mutter neue Wege aufzuzeigen.
- Die Mutter zu mögen, aber sich trotzdem mit ihr in der Sache auseinanderzusetzen.
- Sich als eigenständige Persönlichkeiten wahrzunehmen.

Pia Weber hat durch diese Überlegungen mittlerweile gelernt, Schwierigkeiten als Herausforderung zu sehen. Sie begreift ihre Krisen nicht mehr als Niederlage, sondern als Chance, immer mehr dazuzulernen und daran zu wachsen. Indem Pia ihre Sichtweise ändert, fokussiert sie ihren Blick auf sich, kann damit ihre Eltern loslassen und ihren eigenen Weg finden, der darin besteht, zu ihren Fähigkeiten und Fertigkeiten zu stehen.

Deshalb lautet ihr neuer Glaubenssatz:

> **»Ich freue mich, wenn meine Kinder selbstbewusst sind und lernen, eigene Wege zu gehen.«**

Pia ist klar geworden, dass es bei Problemen nicht darum geht, sich darauf zu konzentrieren, wer Schuld hat, sondern darum, wie man zu einer Lösung findet. Sie hat außerdem erkannt, dass sie ihre eigenen Grenzen vor sich selbst akzeptieren und diese deutlich aufzeigen muss, anstatt ihren Kindern Grenzen zu setzen. Zum Beispiel, indem sie klarmacht: »Mir ist es zu unsauber in der Küche, räumt bitte euer Soßenchaos weg« und nicht: »Putzt sofort die Küche, sonst gibt es Fernsehverbot!« So ist eine viel klarere und respektvollere Atmosphäre innerhalb der Familie entstanden.

Für Kinder sind verlässliche Regeln und Absprachen wichtig. Sie sind bereit, sich daran zu halten, wenn sie sich beachtet und respektvoll behandelt fühlen. Kinder können lernen, sich sozial angemessen zu verhalten, nicht weil Sie oder andere es von ihnen verlangen, sondern weil sie es selbst wollen, da sie mit Ihnen und den Menschen in ihrem Umfeld auskommen möchten.

SO KANN IHR KIND LERNEN, SICH AN ABSPRACHEN ZU HALTEN

- Wenn Sie Regeln formulieren, sollte Ihnen klar sein, dass sich Kinder auch an eben diesen Regeln stoßen und reiben wollen. Wenn Kinder sich die Freiheit nehmen, undiszipliniert zu sein, lassen Sie sie auch die Verantwortung für ihr Tun erfahren.

- Lassen Sie Strafen und Verbote sein. Beide führen nicht zur Selbstverantwortung und zur Disziplin. Sie bewirken lediglich einen Machtkampf, an dessen Ende auf beiden Seiten Hilflosigkeit und Rachegelüste stehen. Außerdem müssen Kinder lernen, auch dann Absprachen und Regeln einzuhalten, wenn Sie nicht anwesend sind und das Ganze »überwachen«. Diese Selbstdisziplin werden Sie nie durch Strafen erreichen.

- Regeln mit Kindern zu vereinbaren bedeutet für alle Beteiligten, für Sie wie für Ihr Kind, eine Zumutung. Sie kommen dabei Ihrer Erziehungsverantwortung nach, Ihr Kind fühlt sich jedoch in seiner Eigenständigkeit beeinträchtigt. Solche notwendigen Zumutungen können nur ausgehalten werden, wenn die Eltern-Kind-Beziehung intakt und somit belastbar ist. Deshalb ist es wichtig, Konflikte offen und möglichst auf Augenhöhe zu besprechen (Stichwort: Gleichwertigkeit) und sie auf diese Weise zu lösen. Autoritäre Ansagen – nach dem Motto »Was getan wird, bestimme ich« – helfen jedenfalls überhaupt nicht weiter.

- Führen Sie klare Gesprächsabläufe ein, zum Beispiel festgelegte Redezeiten, in denen keiner den anderen unterbricht. So etwas geht auch schon mit jüngeren Kindern. Denn unendliche Diskutiererei hilft keiner Seite. Und versuchen Sie, Ich-Botschaften zu formulieren (holen Sie sich dafür ruhig Anregungen – siehe auch Bücher, die weiterhelfen, Seite 173).

Ein Jahr später ...

Pia hat keine Selbsterfahrungsworkshops besucht wie ihre Schwester Sophie. Sie ist einen anderen Weg gegangen. Und in gewisser Weise hat ihre Migräne ihr dabei geholfen. Denn nach einem besonders schweren Anfall gab ihr Sophie den Rat, mal zu einem Arzt für ganzheitliche Medizin zu gehen. Der schaue auch hinter die Dinge. Pia war erst skeptisch, entschloss sich dann aber doch, den Rat ihrer Schwester anzunehmen. Durch den Arzt lernte Pia, den Zusammenhang zwischen körperlichen Symptomen und seelischem Druck zu sehen. Es war ein regelrechtes »Aha«-Erlebnis für sie zu begreifen, dass Schmerzen nicht zufällig entstehen, sondern dass ihr der Körper etwas damit sagen will, sie darauf hinweisen möchte, dass etwas aus dem Gleichgewicht geraten ist. Je mehr sie sich für diese Einsicht öffnen konnte, umso mehr gelang es ihr auch, ihre alten Glaubensmuster auszutauschen gegen Sätze, die nicht wie Peitschenhiebe wirken, sondern eine hilfreiche Unterstützung für sie sind. Statt »Im Leben wird dir nichts geschenkt« gewöhnte sie sich zum Beispiel an zu denken: »Das Leben ist voller Geschenke und alles kann leicht gehen.« Ihre neue Leichtigkeit übertrug sich auf die ganze Familie.

Die Kinder dürfen sich ihre häuslichen Verpflichtungen nun aussuchen. Und diese Pflichten erfüllen sie auch. Darüber haben sie sogar einen Vertrag geschlossen, der bis zu den Sommerferien gelten soll und dann neu verhandelt wird. Darin verpflichtet sich Lena, jeden Tag die Geschirrspülmaschine ein- und auszuräumen, das Badezimmer aufzuräumen und dafür zu sorgen, dass ihre Schulsachen nicht in der Wohnung herumliegen. Und Niklas verpflichtet sich, täglich den Mülleimer zu leeren, auf die Müllabfuhr zu achten, den Abendbrottisch zu decken und im Winter den Gehweg zu säubern. Sie haben außerdem aufgeschrieben, dass Verstöße gegen diese Pflichten in einem Familienrat, der jeden Dienstag um 17.00 Uhr stattfindet, besprochen werden. Und dass die Aufgaben nach Absprache jeweils auf den anderen übertragbar sind. Der Vertrag wurde feierlich von allen dreien unterzeichnet und im Flur gut sichtbar aufgehängt. Manchmal gibt es natürlich trotzdem noch Streitereien. Je nach Tagesform fühlt sich mal Lena benachteiligt, mal Niklas. Aber im Großen und Ganzen klappt es. Wenn die beiden jetzt trotzdem mal etwas nicht machen, arbeitet Pia nicht mehr mit Strafen, sondern trägt es im Familienrat vor, in dem das Ganze besprochen wird.

Seit Neuestem haben Lena und Niklas sogar beschlossen, immer wieder mal einen Mama-Verwöhntag zu machen. Heute wollen sie Pia mit einem selbst gekochten Essen überraschen. Abwasch inklusive. Das Menü besteht aus Tomatensalat und Pizza. Gut, es ist eine Tiefkühlpizza. Immerhin haben Lena und Niklas den Belag fantasievoll ergänzt – mit allem, was der Kühlschrank zu bieten hatte. Vom Geschmack her sind ihre Kreationen sicher noch ausbaufähig. Aber die Absicht zählt und Pia lässt es sich begeistert schmecken. Die beiden haben sogar passende Musik für ihre »Pizza familiale« ausgesucht: Eros Ramazotti, weil ihre Mama den so cool findet. Und als sie den Nachtisch servieren – Bananenschiffchen mit Schokoladensauce –, da überreicht Lena ihrer Mutter einen Brief. »Ach ja, schau mal, Mami, Tante Sophie hat dir geschrieben.« Pia öffnet den Brief und zieht eine Karte mit folgendem Spruch hervor:

Wer mit sich selbst im Frieden leben will, muss sich so akzeptieren, wie er ist.

SELMA LAGERLÖF

Sophie hat dazugeschrieben: »Du machst das alles ganz super, Schwesterherz! Ich bin stolz auf dich!«

Und in diesem Augenblick spürt Pia etwas, das sie vorher noch nie empfunden hat: Sie ist ebenfalls stolz auf sich.

3

»Muss man denn wirklich so streng sein?!«

Greta und Lars Denklinger können es kaum glauben, dass sie schon rund 14 Jahre zusammen sind. Greta war Anfang zwanzig und Lars zwei Jahre älter, als sie sich bei der Aufzeichnung einer Fernsehshow begegnet sind. Lars war damals Regieassistent, Greta träumte davon, Fotografin zu werden, und hatte eine Freundin begleitet. Greta fotografierte viel an diesem Abend. Auf den meisten Bildern war Lars zu sehen. Ein Jahr später zogen sie zusammen und ein weiteres Jahr später kam ihre Tochter Lilith auf die Welt, zwei Jahre darauf ihr Sohn Janis. Geheiratet haben sie jedoch erst vor drei Jahren, als Janis in die Schule kam. Und erst seit diesem Zeitpunkt sind sie für Gretas Mutter Vera eine richtige Familie. Vera konnte es nie verstehen, warum ihre Tochter Lars nicht das Messer auf die Brust gesetzt hatte, als das erste Kind unterwegs war. Und da Greta der Meinung war, ihre Mutter hätte sie sowieso nie verstanden, war das Verhältnis nicht gerade rosig. Als Greta und Lars jedoch heirateten, war die Welt für Oma Vera wieder in Ordnung.

Die Welt von Greta und Lars dagegen wurde immer öfter von Krisen gebeutelt. Die Probleme in ihrer Beziehung fingen an, als die Kinder kamen. Zum einen wurde der Existenzdruck vor allem für Lars, »den Ernährer der Familie«, größer. Die Jobs in der Medienbranche sind unsicher. Und Lars weiß, wenn er nicht funktioniert und zweihundertprozentigen Einsatz bringt, ist er schnell weg vom Fenster. Greta verdient zwar auch etwas durch ihren Teilzeitjob bei einer Eventagentur dazu. Aber den Löwenanteil für die Familienkasse muss Lars erwirtschaften. Momentan verdient er recht gut, doch beiden ist bewusst, dass sich das jederzeit ändern kann.

Zu dieser existenziellen Unsicherheit kommt noch ein weiterer Punkt: Peu à peu stellte sich heraus, dass ihre Ansichten über Erziehung sehr unterschiedlich sind. Greta und Lars haben Schwierigkeiten, ihre Vorstellungen auf einen Nenner zu bringen.

Bevor die Kinder auf der Welt waren, erschien alles so einfach. Da lachten sie noch über das Zitat von John Wilmot, einem englischen Dichter: »Bevor ich heiratete, hatte ich sechs Theorien über Kindererziehung. Jetzt habe ich sechs Kinder und keine Theorie.« Jetzt schwimmen sie selbst häufig, um genauer zu sein, Greta schwimmt, weil ihre Erziehungsvorstellungen viel »Laissez-faire« beinhalten. Greta versucht, die Kinder in die Entscheidungsprozesse einzubeziehen, weil sie glaubt, dass sie so ihre Eigenständigkeit trainieren können. Sie ist der Meinung, dass es ihre Kinder stark macht, wenn sie selbst darauf kommen, was falsch und was richtig ist. Als Lars ihr einmal lautstark widerspricht, erinnert sie sich an einen Spruch des Predigers Abraham a Santa Clara: »Mit glimpflicher Art, mit Sanftmut und Güte richtet man oft mehr aus als mit unmäßiger Schärfe.«

Lars kann solche Sprüche nicht leiden. Wenn, dann müssen sie schon knackig sein, wie das Zitat von Winston Churchill: »Die nützlichen Erfahrungen, die man macht, sind die schlechten.« Und im Gegensatz zu Greta ist er der Meinung, dass Kinder klare Ansagen brauchen. Auch mit seiner Ansicht, dass Kinder unbequeme Entscheidungen akzeptieren müssen, manchmal auch ohne Erklärung, kommt er Gretas Ansatz in die Quere. Sie neigt dazu, Entscheidungen so lange zu erklären, bis die Kinder sie verstehen können. Was freilich oft nicht klappt, weil Lilith und Janis vieles einfach nicht verstehen wollen. Wenn Lars nicht dazu neigen würde, seine Kinder ab und zu richtig zu belohnen, würde es wahrscheinlich noch mehr Auseinandersetzungen zwischen Greta und ihm geben. Aber das versöhnt sie dann jedes Mal.

Laissez-faire oder klare Ansagen?

Bisher schaffen es die beiden also, ihre Beziehungskonflikte immer wieder auf die Reihe zu bekommen. Allerdings brodelt es im Untergrund und es kommt oftmals zum Krach. Wie es auch an diesem Abend wieder passiert…

Alles fängt mit ganz normaler Hektik an. Für Greta wird die Zeit knapp, weil sie im Auftrag der Eventagentur zu einer Abendveranstaltung muss. Lars hat versprochen, pünktlich zu Hause zu sein, ist aber aufgehalten worden. So sind die Kinder noch nicht im Bett, als sich Greta und Lars die Klinke in die Hand geben. »Machst du das Abendritual heute mal mit ihnen?«, fragt Greta und ist fast schon zur Tür hinaus.

Lars' Kopf ist noch randvoll von der Arbeit und eigentlich will er erst mal runterkommen. Deshalb rutscht ihm die Bemerkung raus: »Aber du hast doch den ganzen Nachmittag Zeit gehabt.«

»Wie stellst du dir das vor? Soll ich die Kinder um drei ins Bett bringen?« Greta fühlt sich angegriffen, weiß sie doch selbst, dass ihr Zeitmanagement nicht das beste ist. Außerdem haben Lilith und Janis an diesem Nachmittag mal wieder in allem ihren Kopf durchgesetzt. »Du weißt doch, wie sie manchmal sein können«, entschuldigt sie sich.

»Ja, weil du alles durchgehen lässt. Mir tanzen sie nicht auf der Nase herum.«

»Na, prima, dann kannst du sie ja jetzt ganz entspannt ins Bett bringen.« Mit diesen Worten verschwindet Greta. Und sagt Lars nicht mehr, dass sie den Kindern in Aussicht gestellt hat, dass Papa ihnen heute eine extralange Geschichte vorliest. Soll er doch sehen, wie er klarkommt.

Unterschiedliche Erziehungsstile in der Praxis

Lars seufzt, er hat das Gefühl, dass einfach alles an ihm hängen bleibt. Den Stress, dem er tagtäglich ausgesetzt ist, den kann doch sowieso keiner nachvollziehen. Und jetzt geht seine Frau einfach fort und lässt ihn nicht nur mit den Kindern, sondern auch noch mit seinem Frust allein.

»Und? Liest du uns heute wirklich die Geschichte von der Pirateninsel vor?«, fragt Lilith gespannt.

Lars schaut überrascht. Der Titel sagt ihm gar nichts. Doch als er mitbekommt, dass das eine besonders lange Geschichte ist, ist er alles andere als begeistert. Vor allem weil nachher noch eine interessante politische Sendung im Fernsehen kommt, und bis dahin möchte er das Abendritual hinter sich gebracht haben. Lilith und Janis stoßen mit ihren Überredungsversuchen und Bitten also auf Granit, lassen sich aber versöhnen, weil sie sich wenigstens eine ziemlich spannende Gespenstergeschichte aus einem Buch aussuchen dürfen, aus dem ihre Mutter abends noch nie vorgelesen hat. Das weiß Lars jedoch nicht und macht sich auch keine weiteren Gedanken. Als er das Licht löscht, sind alle zufrieden und er hat seine – wie er findet – wohlverdiente Ruhe.

Allerdings dauert es nicht sehr lang, bis die beiden wieder vor ihm stehen. Sie können partout nicht einschlafen – die Geschichte war wohl doch aufregender als gedacht. Also kuscheln sie sich zusammen aufs Sofa, und weil Lars hundemüde ist, schlafen sie alle dort ein. Als Greta heimkommt, ist sie ziemlich überrascht, die drei so vorzufinden. Als sie allerdings das Buch entdeckt, das Lars auf den Couchtisch gelegt hat, wird ihr alles klar. »Was? Aus dem Fantasybuch hat er die Abendgeschichte vorgelesen? Ich glaub's nicht! Wie kann Lars nur so unverantwortlich sein?«

Ohne weiter nachzudenken, weckt sie ihren Mann, um Janis und Lilith in ihre Betten zu verfrachten. Als das geschehen ist, hält sie ihm erst einmal eine Standpauke: Sie wären sich doch einig gewesen, dass das Gute-Nacht-Ritual dazu da sei, dass die Kinder ruhig würden und sanft einschlafen könnten. Tagsüber würde ohnehin schon so viel auf sie einstürmen. Da würde sie ihn einmal bitten, das zu übernehmen – was ja wahrlich nicht oft vorkäme –, und da baue er so einen Mist. Und darüber sei sie echt traurig und tief betroffen.

Lars ist auch betroffen oder besser gesagt sauer und wirft Greta im Gegenzug vor, dass er sich für die Familie abrackere und eh schon immer knapp an einem Burnout vorbeischlittere und dann würde sie auch noch hinter seinem Rücken den Kindern versprechen, dass er ihnen eine besonders lange Geschichte vorlese – obwohl sie genau wisse, wie kaputt er abends sei.

»Du siehst nur dich!« Greta wird in ihrer Rage immer lauter. »Aber wir sind eine Familie! Wir haben zwei Kinder!«

Als Lars bemerkt, das habe er wohl mitbekommen, weil er da ja nicht unmaßgeblich dran beteiligt gewesen sei, ist das nicht die Antwort, die Greta erwartet hat.

»Du denkst wohl, du kannst alles mit Witzen zupflastern«, zischt sie. »Aber Kinder großzuziehen ist kein Spaß, das ist harte Arbeit. Und so wie es aussieht, bleibt diese Arbeit nur an mir hängen!«

In seiner Hilflosigkeit greift Lars zu einem Mittel, mit dem sonst Greta ihn auf die Palme bringt. Er präsentiert ihr einen Spruch, den ihm ein Kollege an seine Pinwand geheftet hat.

»Bist du geduldig im Augenblick des Zorns, so wirst du dir hundert Tage Kummer ersparen.«

Greta stutzt. »Das ist jetzt aber nicht von dir.«

»Nein. Das ist ein chinesisches Sprichwort.«

Der Spruch wirkt. Greta muss lachen.

Da tauchen Janis und Lilith benommen im Schlafzimmer auf. Sie sind durch den Krach wach geworden und wollen nun gern bei ihren Eltern schlafen.

»Kommt nicht infrage!«, macht Lars klar. Er hat inzwischen schon verlockendere Fantasien, was den Fortgang der Nacht anbelangt.

Aber Greta setzt sich für Lilith und Janis ein. Sie habe es doch gewusst. So eine Geschichte wühle eben auf. Und da könne er jetzt auch nicht so kaltherzig sein und die Kinder mit ihren Fantasien zurück in ihr Bett schicken.

›Und was ist mit meinen Fantasien?‹, denkt Lars und laut sagt er: »Du musst den Kindern nur mal wieder nachgeben. Kein Wunder, dass sie uns so auf der Nase rumtanzen.«

»Ach ja? Willst du damit sagen, das ist allein meine Schuld?«, erkundigt sich Greta provozierend.

Lars sagt darauf nichts, was aber auch eine Antwort ist.

Und da die beiden »Nasentänzer« Lilith und Janis inzwischen das Ehebett voll in Beschlag genommen haben, ziehen Greta und Lars aus und schlafen im Kinderzimmer …

»Muss man denn wirklich so streng sein?!«

Sätze wie diese prägen das unterschiedliche Erziehungsmotto von Greta und Lars:

Gretas Erziehungsmotto:

- Es ist gut, Kinder mit in die Erziehungsprozesse einzubeziehen, dann trainieren sie ihre Eigenständigkeit.
- Durch Lob lernen Kinder am schnellsten.
- Wenn sie lernen, selbst draufzukommen, was falsch und was richtig ist, macht es sie stark.
- Jede Art der Manipulation schwächt.

Lars' Erziehungsmotto:

- Kinder brauchen klare Ansagen.
- Zeig ihnen, dass du sie magst, aber mach ihnen klar, wer der Herr im Haus ist.
- Auch unbequeme Entscheidungen müssen akzeptiert werden – manchmal auch ohne Erklärung.
- Ab und zu sollte man Kinder auch mal belohnen.

Komme ich mit Partnerschaftlichkeit in der Erziehung weiter?

Greta und Lars haben beide ihre Glaubenssätze verinnerlicht. Greta ist davon überzeugt, dass Entscheidungen mit den Kindern besprochen werden sollten, auch wenn das oft anstrengend ist und sie ab und zu froh wäre, wenn sie nicht alles ausdiskutieren und fünfmal erklären müsste. Aber einfach den Bestimmer raus-zukehren, nach dem Motto »Ihr macht, was ich sage, weil ich es so will« – das widerstrebt ihr total. Dennoch ist Greta manchmal nur noch genervt und macht gute Miene zum bösen Spiel. Wenn sie ehrlich darüber nachdenkt, gibt sie schon relativ häufig nach und sagt ja, wenn sie eigentlich lieber nein sagen würde. Ihren Ärger darüber, dass die Kinder immer ihren Kopf durchsetzen und das letzte Wort haben müssen, schluckt sie hinunter, weil sie Angst hat, sie könnte die Beherrschung verlieren und plötzlich doch her-umbrüllen. Oftmals bekommt dann Lars ihre schlechte Laune und Frustration ab. Lars, der auch nicht als Haustyrann rüberkommen möchte, hat allerdings nach einem anstrengenden Arbeitstag überhaupt keine Lust mehr auf die »Mätzchen« der Kinder und eine ständig genervte Frau. Und wenn er abends mitbekommt, wie Lilith und Janis ihre Mutter mal wieder wegen irgendetwas her-umkriegen, wird er wütend und stellt sich die Frage: »Warum sieht Greta nicht ein, dass sie mit dieser Art von Erziehung nicht weiter-kommt?« Er weiß allerdings auch, wenn er Greta danach fragt, ist der nächste Streit angesagt. Oder sie zieht sich beleidigt zurück.

Wo sind die persönlichen Grenzen?

So wie neulich, als ihr die beiden wirklich nur noch auf dem Kopf herumgetanzt sind. Zuerst hieß es, sie wünschten sich so sehr, dass Greta mal wieder ihr Lieblingsgericht koche: Schweineripp-chen mit selbst gemachten Klößen und Rotkohl. Im Winter sind Spareribs bei ihrem kleinen Metzger im Ort wirklich nicht leicht zu bekommen und Greta war entsprechend stolz, als sie damit heim-kam. Die Vorbereitungen für das Gericht waren natürlich zeitauf-wendig wie immer, aber was tut man nicht für seine Lieblinge! Als Greta nach zwei Stunden in der Küche zum Essen rief, hieß es nur »gleich, Mama«, aber keiner von beiden erschien in den nächsten zehn Minuten. Als sie nach mehrmaligem Rufen endlich herun-terkamen, meckerte Janis sofort los, dass seine Portion nicht groß genug sei, und Lilith behauptete, dass in der Soße vorher noch nie

Zwiebeln gewesen seien und dass das Ganze dann ja wohl total bescheiden schmecken würde. Greta war fassungslos. Da stellte sie sich stundenlang in die Küche und die beiden moserten nur herum. Sie ist jetzt noch stolz, wenn sie daran denkt, dass sie ganz ruhig geblieben ist. Janis bekam einen halben Kloß mehr auf den Teller und für Lilith seihte sie schnell noch mal die Soße durch und entfernte damit die Zwiebeln. Doch statt nun das Essen zu genießen, fingen die beiden zu streiten an, obwohl sie genau wissen, wie sehr Greta beim Mittagessen Ruhe schätzt. Es war wie verhext! Und manchmal hat Greta den Verdacht, dass es immer dann besonders schlimm wird, je mehr sie den Kindern entgegenkommt und versucht, den Frieden zu wahren.

Als sie Lars abends davon erzählt, verdreht der nur die Augen: »Warum hast du nicht mal losgeschrien und ehrlich gesagt, wie du dich fühlst, wenn sie sich so ungezogen benehmen? Wenn sie bei mir übers Essen meckern, gehe ich gar nicht drauf ein. Entweder sie essen es oder sie lassen es bleiben – Punkt!«

Greta ist sauer. So selten, wie Lars den beiden mal Essen macht, hat er ja leicht reden! Sie zieht sich beleidigt ins Schlafzimmer zurück. Während sie sich im Bett hin und her wälzt, kommt sie ins Grübeln. Sie muss zugeben, dass die Kinder Lars längst nicht so auf der Nase herumtanzen wie ihr. Greta kann selbst nicht sagen, warum sie versucht, dauernd verständnisvoll zu sein. Sie fühlt sich einfach so viel besser, wenn Janis und Lilith zufrieden und glücklich wirken. Und sie fragt sich, worum es ihr wirklich geht. Bindet sie die Kinder tatsächlich in die Erziehungsprozesse mit ein oder richtet sie nicht viel eher ihr Verhalten an den Reaktionen der beiden aus? Und schon kommen weitere Fragen auf:

- Stärke ich die Kinder in ihrer Eigenständigkeit, indem ich ihnen möglichst viel freie Hand lasse, oder drücke ich mich in Wahrheit vor der Verantwortung und den damit verbundenen Konsequenzen?
- Ist es so schlimm, wenn die Kinder sich mal ungerecht behandelt fühlen und sauer sind, weil ich bestimme, was passiert?

- Können Kinder überhaupt lernen, was falsch und richtig ist, wenn Eltern es ihnen nicht vorleben, weil sie ständig gute Miene zum bösen Spiel machen und nicht authentisch sind?
- Wie kann ich Grenzen und Bedürfnisse deutlich aufzeigen, ohne dass ein Machtmissbrauch daraus wird?
- Wie wirken die ständigen Streitereien zwischen mir und Lars auf die Kinder? Haben sie nicht doch schädliche Folgen?

Und da ist noch eine weitere Frage, die Greta beschäftigt: Können die Kinder vielleicht nicht damit umgehen, dass Lars und sie so eine unterschiedliche Auffassung von Autorität haben, und spielen sie sich deshalb als Tyrannen auf?

Wie können Eltern Chaos in der Erziehung vermeiden?

In ihrer Ratlosigkeit stößt Greta auf das Buch »Warum unsere Kinder Tyrannen werden« von Michael Winterhoff. Begeistert erzählt sie Lars davon und schlägt ihm vor, es zusammen zu lesen.

»Wie? Willst du das jetzt zu unserem Gute-Nacht-Ritual machen?«, erkundigt sich ihr Mann.

Greta fühlt sich nicht ernst genommen. »Aber du regst dich doch immer auf, dass uns die Kinder auf der Nase herumtanzen.«

»Na klar, weil du nicht konsequent genug bist«, kontert Lars. »Ich brauche das Buch nicht zu lesen, ich weiß, was drinsteht.«

So beginnt Greta, sich allein mit Winterhoffs Thesen zu befassen. Und mit jeder Seite wächst ihr Unbehagen. Meine Güte, denkt sie erschrocken, wenn der Mann recht hat, dann sieht ja alles mehr als düster aus! Denn wie er schreibt, haben sich im Laufe seiner Tätigkeit als Kinderpsychiater »bei der Analyse der auftretenden Störungen so gravierende Veränderungen ergeben, dass Anlass zu großer Sorge um die gesamtgesellschaftliche Zukunft gegeben ist. Immer weniger arbeits- und beziehungsfähige Jugendliche und Erwachsene werden die Folge sein, wenn sich weiterhin kein Bewusstsein für diese Störungen bildet.«

Das Kind als Lebenszweck

Nein, das ist wirklich das Letzte, woran Greta mit schuld sein will: Problemkinder, »deren psychischer Reifegrad in etwa auf dem Niveau von maximal Dreijährigen stagniert«. Und begierig liest sie weiter, um herauszufinden, welches Störungsbild vielleicht zu ihr passen und wie sie es beheben könnte. Ist es die »Partnerschaftlichkeit«, die »Projektion« oder die »Symbiose«? Diese drei Wörter treffen irgendwie genau Gretas verwundbaren Kern. Sicher sind ihre Kinder so etwas wie Partner für sie. Überfordert sie Lilith und Janis damit? Nimmt sie ihnen die Kindheit weg, wenn sie viele Dinge mit ihnen bespricht? Oder projiziert sie gar eigene Wünsche auf ihre Kinder? Sind Janis und Lilith schon zur Messlatte dafür geworden, wie gut sie sich fühlt? Greta geht in sich, sucht nach Symptomen, die Winterhoff beschreibt:

D*er Erwachsene ist vom Kind abhängig,*
er definiert sein eigenes Selbstbewusstsein
ausschließlich über das Verhalten des Kindes.
MICHAEL WINTERHOFF

Verschwimmende Grenzen

Nein, eigentlich ist das eher nicht der Fall. Oder doch? Nun ja, Konflikten geht sie schon gern aus dem Weg. Und da steht es: »Die Abhängigkeit in der Projektion führt in einem solchen Fall dazu, dass einem Konflikt ausgewichen wird, weil damit der Liebesentzug drohen würde.«
Also erwischt? Wenigstens scheint sie nicht die Einzige zu sein, denn Winterhoff stellt fest: »Der Anteil an Erwachsenen, die mit ihnen anvertrauten Kindern eine Beziehungsstörung in Form einer Projektion leben, ist nach meinen Beobachtungen in den letzten Jahren extrem gestiegen.«

Jetzt liegt es also an ihr herauszufinden, wie sehr sie sich selbst als »gestört« einordnet. Vielleicht befindet sie sich ja schon im Stadium der Symbiose? Soweit sie es begreift, ist das die fatalste Stufe. Denn laut Winterhoff »fällt hier endgültig die Wahrnehmung des Kindes als Kind weg. Es kommt zur Verschmelzung der elterlichen Psyche mit der kindlichen und damit zu einer Fixierung des Kindes in einer noch früheren psychischen Entwicklungsphase.«

Greta versucht den Sinn des Satzes zu verstehen. Soll das heißen, die Eltern lassen sich so sehr auf die kindliche Psyche ein, dass sie selbst ein Stück weit wieder zum Kind werden und deshalb gar keine Grenzen mehr ziehen können?

Greta wird es ganz schwindelig. Was man da alles falsch machen kann! Das hätte sie nie geglaubt. Und nach Winterhoff soll ja sogar das Ansteigen der Gewalt gegen Kinder in der heutigen Gesellschaft zu einem guten Teil auch auf die Beziehungsstörung in Form der Symbiose zurückzuführen sein.

Greta kommt ihre eigene Kindheit in den Sinn. Die Beziehung zu ihrer Mutter war auch ziemlich eng gewesen, weil Vera Greta allein großgezogen hatte. Und sie erinnert sich an Momente, in denen sie ihre Mutter richtig dickhatte, weil sie sich ihr gegenüber so ausgeliefert fühlte. Ihrer Mutter war es mit ihr vielleicht genauso ergangen. Und Winterhoff hatte es ja vor allem mit psychischen Extremfällen zu tun. Anscheinend war es da so, dass Kinder sich oft nur mit Gewalt aus einer Symbiose befreien konnten, indem sie sich eine Projektionsfläche schufen, die sie hassten. Und da Hass Gegenhass erzeugt, meint er wohl das damit, wenn er schreibt:»Langfristig gesehen sind wir damit auf dem Weg in ein Land, in dem Kinder gehasst werden.«

Greta denkt nach. Sie muss sich eingestehen, dass sie Winterhoffs Theorie nicht so ganz verstehen kann. Vielleicht hat sie das Buch bisher zu sehr aus ihrer eigenen subjektiven Sicht heraus gelesen. Auf jeden Fall wird ihr immer klarer, dass die Lage noch viel ernster zu sein scheint, als sie bisher dachte. Aber was lässt sich denn nun konkret tun? Greta sucht in den folgenden Kapiteln nach etwas, das ihr den Weg aus ihrem Dilemma weist. Stichworte wie »Struktur geben«, eine »verlässliche Ordnung bieten« klingen vielversprechend. Sie liest weiter und ist im ersten Moment erleichtert, als sie von Winterhoffs These erfährt, dass das »System Familie« nicht allein an den Störungen schuld sein könne. Vielmehr läge das ganze »System Gesellschaft« im Argen durch die überbordende Informationsflut, die gar nicht mehr verarbeitet werden könne, den Wohlstand, der im Vergleich zu anderen Zeiten erheblich zugenommen habe und, und, und. Das Resultat sei, so führt Winterhoff an, eine ständige Überforderung. Und die wiederum treibe den Erwachsenen in eine Depression, die sich jedoch anders äußere als normale Depressionen.

Werden Kinder funktionalisiert?

Winterhoff nennt sie »agitierte Aggression«, »weil der in der Depression befindliche Mensch mit einer immer größeren Aktivität, einem ständigen Agieren reagiert.«

Greta denkt bei diesen Sätzen sofort an Lars. An all den Stress und den Druck, mit denen er ständig fertig werden muss. Hoffentlich steckt er nicht schon ganz tief drin in so einer agitierten Agression! Immer in Aktion, immer unter dem Zwang, funktionieren zu müssen, und dabei kommt so wenig von außen zurück. Und weil uns die Gesellschaft in ihrem so beschleunigten System keine Anerkennung und Zuwendung mehr bieten könne, werde diese Aufgabe dann auf die Kinder abgewälzt. »Sie werden vom Erwachsenen funktionalisiert, bekommen den Status des Zuwendungslieferanten zugewiesen, sodass sich der Erwachsene in die Lage versetzt sieht, über das Medium des Kindes sein Zuwendungsdefizit zu kompensieren.«

Das leuchtet Greta ein und steigert ihre Sorge nur noch. Aufgewühlt versucht sie, Lars noch am gleichen Abend davon zu überzeugen, das Buch ebenfalls zu lesen. Vielleicht blicke er ja besser durch als sie. Damit hat Greta Lars bei seiner intellektuellen Eitelkeit gepackt, ein guter Trick, um ihn zur Aktion zu bewegen.

Lars fallen zwar ein paar Dinge ein, die er lieber täte, aber weil Greta so durcheinander ist wie selten, fühlt er sich in die Pflicht genommen, ein wenig Ordnung in das Chaos ihrer Gedanken zu bringen. Und so beginnt auch er zu lesen.

Ist die Gesellschaft noch zu retten?

Die Lektüre hat jedoch nicht die Wirkung, die Greta sich erhofft hat. Anstatt sie zu beruhigen und ihr die Hinweise zu geben, die sie aus ihrer gedanklichen Sackgasse ziehen, regt sich Lars fürchterlich auf. »Was will der Mann mir sagen? Wir machen uns also unsere Tyrannen selbst, ja? Weil wir Eltern pädagogische Weicheier sind, die die Konfrontation scheuen und unsere Erziehungsverantwortung nicht wahrnehmen!«

»Jetzt reg dich doch nicht so auf, Schatz! Vielleicht meint er das ja nicht so.«

»Aber so steht's doch hier drin!«

»Na ja, vielleicht nicht wörtlich … aber vom Sinn her habe ich es auch so verstanden.«

»Na bitte!«, antwortet Lars erbost.

Irgendwie ist Greta erleichtert. Lars ist ihrer Meinung. Und das kommt in Erziehungsfragen wirklich nicht oft vor.

»Jetzt lies erst mal weiter, Schatz. Ich bin sicher, du findest noch was, das uns weiterhilft.«

Aber je weiter sich Lars durch das Buch kämpft, umso aufgebrachter wird er.

»Also wirklich! Da macht der Mann so ein Fass auf und lässt einen dann in der Wüste stehen!«

Und Lars zitiert in bewusst dramatischem Ton: »Wir befinden uns heute auf einem selbst generierten Crash-Test. Mit höchster Geschwindigkeit und ohne sich vorher erkundigt zu haben, wo die Bremse sitzt und wie man das Steuer noch rechtzeitig rumreißen könnte, rast der Rennwagen, der sich moderne Gesellschaft nennt, auf eine Mauer zu und vertraut darauf, dass dieser Höllenritt schon irgendwie gut gehen möge.«

»Ja, das klingt schon dramatisch«, pflichtet Greta ihrem Mann bei. »Und anderthalb Seiten weiter beschwert er sich über die Negativmeldungen in den Medien! Hallo! Was macht er denn?«

»Lars, er will doch nur den Kindern ihre Kindheit wiedergeben und damit ihre Psyche heilen – er will die Gesellschaft retten.«

»Die Gesellschaft retten? Wie denn?«

Greta überlegt einen Moment, schlägt dann vor: »Na ja, ich denke, indem die Eltern eben doch bestimmter gegenüber den Kindern auftreten und sich mehr abgrenzen.«

Lars schaut seine Frau mit großen Augen an. »Aber Greta, Schatz, das ist doch meine Rede. Kinder kommen ohne eine Autorität, die Grenzen setzt, nicht aus!«

Was er denn genau mit Autorität meine, will Greta nun leicht genervt wissen. Ihre Mutter zum Beispiel sei dominant und autoritär gewesen. Sie habe immer Macht ausüben wollen und darunter habe Greta sehr gelitten. Nur autoritär zu sein genüge eben nicht. Das sei auch eine Frage der Persönlichkeit, erklärt Lars.

Greta schaut ihn fragend an. Daraufhin erläutert er: »Schatz, das war bei meinem Vater doch genauso. Der hat auch Erziehung mit Machtausübung verwechselt.«

Und so beschließen Greta und Lars, noch einmal gemeinsam zu überdenken, wie sie den Begriff »Autorität« am besten mit positivem Leben füllen können.

Die Begriffe Autorität und Erzieherpersönlichkeit

In der pädagogischen Diskussion tauchen häufig Begriffe auf, die sehr gegensätzlich diskutiert werden: Wenn von Autorität die Rede ist, wird dies meist mit autoritär im Sinne von autokratisch, also machtbewusst gleichgesetzt. In diesem Zusammenhang wird oftmals ein partnerschaftlicher Erziehungsstil eingefordert, unter dem viele Erwachsene eine Laissez-faire-Haltung und eine Gleichmacherei von Eltern und Kindern verstehen.

Die Erzieherpersönlichkeit

In Wirklichkeit bedeutet partnerschaftliche Erziehung, dass Eltern und Kinder zwar gleichwertig, die Erwachsenen sich jedoch ihrer Erziehungsverantwortung bewusst sind. Sie haben die Aufgabe, für das Wohlergehen des Kindes zu sorgen, müssen einen sicheren Rahmen bereitstellen, in dem sich das Kind seinem Alter gemäß zu einer eigenständigen Person entwickeln kann. Eine solche Erzieherpersönlichkeit zeichnet sich durch drei Eigenschaften aus:

• Sie übernimmt die Verantwortung für die Heranwachsenden und stellt sich ihr.
• Sie lebt den Kindern Verlässlichkeit vor, ist für sie da, wenn sie Nähe und Geborgenheit brauchen. Kinder müssen sich auf Erzieherpersönlichkeiten verlassen können, weil sie sich sonst verlassen fühlen.
• Sie hat Ecken und Kanten, ist authentisch. Sie zeigt den Kindern persönliche Grenzen auf und handelt nach dem Motto: »Nur wenn es mir gut geht, dann geht es auch den Kindern gut.«

Eine Erzieherpersönlichkeit sorgt angemessen für sich, weil sie nur dann angemessen für die Kinder da sein und für sie sorgen kann. In diesem Sinne bedeutet Verlässlichkeit auch nicht, sich den Aufgaben unterzuordnen und in den Erziehungsbemühungen aufzugehen wie die Hefe im Kuchen, die dann, wenn er gelungen ist, nicht mehr gesehen wird. Nähe und gebührende Distanz finden gleichermaßen ihren Platz in der Beziehung.

Eine Erzieherpersönlichkeit sieht auch das Kind als eine Persönlichkeit an, achtet und respektiert dessen Individualität. Achtsamkeit und Respekt sind zwei zentrale Pfeiler, auf denen sich tragfähige Erziehungsbeziehungen gründen, Beziehungen, die Krisen und gegenseitige Zumutungen wie unbequeme Ansagen seitens der Eltern oder Trotz und Regelbrüche seitens der Kinder aushalten.

Was ist eine Autorität?

Eine Autorität zeichnet sich durch eine verbindliche, soll heißen klare Kommunikation aus. Kinder akzeptieren es, wenn sie deutliche Botschaften bekommen, denn dann wissen sie, woran sie sind. Heranwachsende wollen die Erwachsenen einschätzen, mit Doppelbotschaften – hier eine aufgesetzte Freundlichkeit, dort eine Mimik und Gestik, die unterdrückten Ärger verraten –, können sie nicht umgehen. Kinder verstehen, wenn Vater und Mutter, die Lehrerin oder der Erzieher nicht ständig gut drauf sind, denn warum soll es den »Großen« anders gehen als ihnen, den »Kleinen«? Kinder wissen um das Hin-und-hergerissen-Sein zwischen himmelhoch jauchzend und zu Tode betrübt. Deshalb haben sie viel Verständnis für Gefühlsschwankungen, nur mochten sie, dass die »Großen« damit offen und klar umgehen.

Auseinandersetzungen zwischen Vater und Mutter
Unter diesem Aspekt müssen auch elterliche Auseinandersetzungen gesehen werden. Viele Eltern fürchten, dass es schädliche Auswirkungen auf die Gefühle ihres Nachwuchses hat, wenn sie sich vor ihm streiten, und leben ihm deshalb eine vermeintlich heile, konfliktfreie Beziehung vor. Doch Kinder haben Antennen und spüren, wenn etwas zwischen ihren Eltern nicht stimmt. Genauso erahnen sie auch den Anlass und die Hintergründe des Streits. Viele Kinder sind froh, wenn durch eine offene Auseinandersetzung endlich klare Verhältnisse herrschen, sie sich in ihrer Einschätzung, es habe eine drückende Atmosphäre geherrscht, bestätigt wissen.

Elterliche Auseinandersetzungen wirken sich in der Regel nur dann problematisch auf die Gefühle und das Erleben der Kinder aus, wenn die Eltern sich herabwürdigen und auf das Übelste beleidigen. Denn dann wird die partnerschaftliche Beziehung, das ganze Familiengefüge infrage gestellt. Genauso problematisch ist, wenn man Kinder in den Streit einbezieht, um ihre Gunst buhlt, sie in einen Loyalitätskonflikt bringt – ganz nach dem Motto: »Zu wem hältst du, zu Papa oder zu Mama?«

Kinder mögen Eltern, die friedlich und respektvoll miteinander umgehen, die sich wertschätzen – doch zugleich mögen sie

Eltern, die ihnen vorleben, dass man nicht immer einer Meinung sein kann und muss und Meinungsverschiedenheiten auch offen ausagieren kann. Sich ehrlich zu streiten gelingt nur auf der Basis gegenseitigen Respekts.

Wenn Sie einen Streit konstruktiv austragen, kann das für Ihr Kind ein Modell sein, an dem es sich orientieren kann. Wichtig ist, dass Kinder sehen, dass es Lösungen gibt, und sei es auch zunächst in Form eines Kompromisses. Doch noch wichtiger ist es, Ihrem Kind eine ehrliche, aufrichtige Versöhnung zu zeigen, die für es sichtbar und erlebbar wird, die bedeutet, dass der Streit behoben ist: eine Umarmung, ein Kuss, ein liebevoller Blick. So belastend ein Streit zwischen den Eltern für die Kinder auch sein mag, ein gelöster Streit lässt sie entspannt zurück, er reinigt die Luft mehr als unausgesprochene Konflikte, die das Familienklima belasten.

Auseinandersetzungen zwischen Eltern und Kind

Kinder brauchen im Umgang mit ihren Eltern also vor allem Offenheit und Klarheit. Das bedeutet allerdings nicht, dass Vater oder Mutter bei einem Konflikt mit dem Kind herumbrüllen und unbearbeitete eigene Gefühle an ihnen auslassen dürften – nach dem Motto:»Ich wäre ja nett zu dir, aber du zwingst mich eben dazu, dass ich laut schreien muss.« Um dann weinerlich hinzuzufügen:»Mir macht es auch keinen Spaß, wenn ich so mit dir umgehen muss.« Zu einer verbindlichen Haltung dem Kind gegenüber gehört, sich aufrichtig zu entschuldigen, wenn man einen Fehler gemacht, die Grenzen des zwischenmenschlichen Miteinanders verletzt hat:»Es tut mir leid, dass ich vorhin so herumgebrüllt habe.« Mehr nicht. Keine weitere Erklärung wie »… aber du hast ja auch …«, die wieder die Verantwortung dem Kind zuschiebt. Vielleicht noch der Zusatz:»Das hatte nichts mit dir zu tun.« Verlässlichkeit, Verantwortungsübernahme und Verbindlichkeit sind drei bedeutsame Eigenschaften, die eine Autorität auszeichnen. Aber so einfach sich das anhört, leicht ist es nicht, sie im Familienalltag umzusetzen und zu leben. Ohne Autorität, so hat es Goethe einst formuliert, »kann der Mensch nicht existieren und doch bringt sie eben so viel Irrtum als Wahrheit mit sich«.

Antiautoritäre Erziehung und Laissez-faire

Um dies am Begriff »Autorität« zu veranschaulichen: Autorität wird – wir hatten es angedeutet – schnell mit autoritär, autoritär wieder mit Machtbewusstsein, mit Erziehungsgewalt gleichgesetzt. Da fangen schon die Probleme, die Missverständnisse an. Viele Eltern wollen nicht wie ihre Eltern sein, wollen nicht die Fehler ihrer Väter und Mütter machen – und geraten geradewegs in eine Falle. Sie vermeiden fast panisch die Unzulänglichkeiten, die sie einst bei ihren Eltern erlebt und erfahren haben – und produzieren dafür andere. Sie möchten nicht die Bestimmer, die Alleinherrscher sein, wollen keinen Druck ausüben, sondern die Heranwachsenden mitbestimmen lassen, möchten diskussionsfreudige Kinder, sind dann aber irgendwann genervt darüber, dass diese ständig das letzte Wort haben müssen.

Verbale Schmutzkübel sind über die antiautoritäre Erziehung gegossen worden, weil sie in den populistischen Auseinandersetzungen, die darüber seit mehr als vierzig Jahren geführt werden, mit einer Laissez-faire-Haltung gleichgesetzt worden ist. Welcher Irrtum! Die Laissez-faire-Haltung kann mit »Macht ihr mal!« übersetzt werden und stellt einen Erziehungsstil dar, bei dem sich die Eltern aus ihrer Verantwortung stehlen. Bei der antiautoritären Erziehung dagegen haben Machtausübung und Unterdrückung keinen Platz, Regeln und Grenzen kann es jedoch sehr wohl auch ohne autokratisch-autoritäres Verhalten geben.

Der britische Pädagoge A. S. Neill, der Vater dieser Erziehungshaltung, hat dieses Prinzip in den 60er Jahren des 20. Jahrhunderts in Summerhill, einer englischen Schule, umgesetzt. An dieser Schule gab es natürlich Regeln, wussten die Heranwachsenden, welche Konsequenzen sie erwarteten, wenn sie Gebote missachteten. Und zweifelsohne war Neill eine Autorität, an der sich die Heranwachsenden orientieren, mit der sie sich aber zugleich auseinandersetzen konnten. Und sie konnten über Regeln und Grenzen mitbestimmen – die Erziehungsverantwortung blieb jedoch bei Neill. Ihm war klar, dass es in der Erziehung um Macht geht. Anders ausgedrückt: Eltern, Lehrer, Erzieherinnen haben eine Macht, die sich aus ihrer Verantwortung für die Heranwachsenden ableitet. Es geht mithin, so hat es der bekannte dänische Familientherapeut Jesper Juul einmal formuliert, nicht darum, *ob* man als Erwachsener Macht hat, es geht vielmehr darum, *wie* diese Macht eingesetzt wird – ganz im Sinne von Verlässlichkeit, Verbindlichkeit und Verantwortung.

Die Machtfrage

Man muss sich als Erziehender dieser Machtfrage stellen. Wer das nicht tut, bekommt Probleme im erzieherischen Handeln: Entweder man handelt autokratisch, von oben herab, lässt die verbalen Muskeln spielen, im Sinne von: »Wir wollen doch mal sehen, wer hier gewinnt!«, begibt sich mit dem Kind in einen Machtkampf, der nur zu Verletzungen führt. Oder man zieht sich aus der Erziehung zurück, weil man nicht Macht ausüben will. Da aber Erziehung mit Beziehung zu tun hat, bedeutet diese Haltung, dass man sich aus der Beziehung zurückzieht und die Kinder allein lässt. Kinder brauchen jedoch Bindung, Nähe und Zuwendung. Daher machen sie in diesem Fall so lange auf sich aufmerksam, bis man sie wahrnimmt und ihnen Aufmerksamkeit schenkt.

Rudolf Dreikurs, seit den 60er Jahren des 20. Jahrhunderts einer der führenden Erziehungsberater, dessen Bücher lesenswerter denn je sind, hat in diesem Zusammenhang auf einen wichtigen Punkt verwiesen: Wenn Kinder durch positive Handlungen keine Aufmerksamkeit bekommen – durch negative, durch störende, grenzüberschreitende Aktionen ist ihnen Zuwendung gewiss. Gerade Kinder, die mit einem Laissez-faire-Stil aufwachsen müssen, reiben sich so lange an Grenzen, bis man sie wahrnimmt, gilt doch für sie der paradoxe Grundsatz: Auch eine negative Zuwendung ist eine Zuwendung, besser so eine als gar nichts. Der eben erwähnte Rudolf Dreikurs, ein Schüler des Wiener Individualpsychologen Alfred Haller, hat in all seinen Veröffentlichungen für eine »partnerschaftliche Erziehung« plädiert. Auch diese wurde in vielen populistischen Diskussionen mit einer Laissez-faire-Erziehung gleichgesetzt, ja manchmal wurde die Behauptung aufgestellt, die Kinder würden nun die »Bestimmer« im familiären Alltag werden, Eltern müssten sich den Wünschen der Kinder unterordnen, weil die Kinder sonst psychischen Schaden nähmen. Die partnerschaftliche Erziehung, so manche Schlussfolgerung, führe geradewegs in eine Tyrannei, die ein gedeihliches Miteinander nicht möglich macht.

Partnerschaftlichkeit und Gleichwertigkeit
Partnerschaftlichkeit, darauf hat Dreikurs hingewiesen, sei nicht gleichzusetzen mit Gleichrangigkeit, aber mit Gleichwertigkeit. Jesper Juul hat diesen Gedanken aufgegriffen und spricht von Gleichwürdigkeit der Eltern und der Kinder. Um die beiden Begriffe – Gleichwertigkeit und Gleichrangigkeit – unter dem Gesichtspunkt der Erzieherpersönlichkeit nochmals differenzierter zu beleuchten: Eltern und Kinder sind nicht gleichrangig. Eltern – daraus leitet sich dieses Wort her – sind älter als ihre Kinder. Sie verfügen über Lebenserfahrungen, auf die sich die Heranwachsenden verlassen müssen. Eltern haben Erfahrungsvorsprünge gegenüber Kindern. Solche Erfahrungsvorsprünge sind wichtig, sie werden allerdings dann kontraproduktiv, wirken sich belastend auf die Erziehungsbeziehungen aus, wenn sie als elterliche Besserwisserei, als Bevormundung daherkommen.
»Gib Kindern Wurzeln, verleih ihnen Flügel«, so hat es Goethe einst ausgedrückt und damit darauf verwiesen: Eltern stellen die Wurzeln dar, die den Kindern Halt geben. In welche Richtung die Kinder aber tatsächlich wachsen, darauf haben Eltern nur begrenzt Einfluss, denn es gibt trotz aller Erziehungsbemühungen keine Garantie. Das bedeutet freilich nicht, auf Erziehung zu verzichten. Aber sie stellt eben eine andauernde Bemühung dar.

Kinder haben Sehnsucht nach den Wurzeln, sie wollen wissen, woher sie kommen. Deshalb finden Heranwachsende ihre Großeltern so wichtig, denn diese zeigen ihnen durch ihr Da-Sein, wie gelebtes Leben aussieht: mancher Großvater, dass man eine Schulklasse dreimal wiederholen und trotzdem erfolgreich sein kann, manche Großmutter, dass man vielleicht erst im zweiten Mann den richtigen Partner findet. Umwege – so lautet ein Sprichwort – erweitern die Ortskenntnis.

Viele Eltern haben mit dieser Erkenntnis so ihre Schwierigkeiten, denn sie wollen für ihre Kinder den geraden Weg. Dabei setzt sich Lebenserfahrung, das müssten sie aus ihrer eigenen Entwicklung wissen, zusammen aus unbeschwerten Wegen, aber eben auch aus Sackgassen und den Mühen der Ebene. Wer Kindern alle Probleme aus dem Weg räumt, sie sogar für sie löst, der macht sie lebensuntüchtig und trägt nicht dazu bei, dass eigenständige, selbstbewusste Persönlichkeiten entstehen.

Gleichwertig heißt nicht gleichrangig
Nicht wenige Eltern haben so ihre kleinen oder großen Schwierigkeiten mit dem Älterwerden. Manche inszenieren das unter dem Label »forever young«, möchten gern Flügel sein, verdrängen die Wurzel, die sie für ihre Kinder sein sollten. Da wird man dann von den Heranwachsenden schnell als »voll peinlich« erlebt, um es in deren Sprache auszudrücken. Wenn Erwachsene sich als Freunde bei den Kindern anbiedern und auf diese Weise die so notwendige Distanz und die Differenzierungen verringern wollen, brauchen sie sich nicht zu wundern, wenn sie nicht respektiert werden. Wenn Kinder in solchen Situationen aufbegehren oder diese hemmungslos für ihre Bedürfnisse ausnutzen, dann sind sie keine Tyrannen, sie zeigen durch ihr manchmal maßloses Tun lediglich, dass die Erziehungsbeziehungen im Ungleichgewicht sind.

Nochmals: Eltern und Kinder sind nicht gleichrangig. Eltern tragen eine Verantwortung, die sie nicht an die Heranwachsenden delegieren können. Aber sie sind gleichwertig. Soll heißen: Kinder lernen von ihren Eltern. Und umgekehrt: Eltern können sehr vieles von ihren Kindern lernen. Doch um eine solche Gleichwertigkeit anzuerkennen, sind gegenseitige Achtsamkeit und gegenseitiger Respekt Voraussetzung.

Geduld und Weisheit

Buddha hat sinngemäß einmal davon gesprochen, die wirklichen Weisheitslehrer auf der Welt seien die Kinder. Weise wird man aber erst dann, wenn man vorher geduldig geworden ist. Und geduldig, so seine Überlegung, wird man dadurch, dass man alles, was man tut, immer und immer wieder probiert, weil man Wiederholung nicht als etwas Langweiliges begreift, sondern als Verfertigung von Wissen, Kompetenz und Gefühl. Und wenn man den Zustand der Geduld erreicht hat, so seine Schlussfolgerung, sei man auf dem Weg zur Weisheit, wohlgemerkt: auf dem Weg! Auch Kinder machen bestimmte Dinge immer und immer wieder, verlieren sich in unendlichen Wiederholungen, bringen ihre Eltern damit schier auf die Palme, lassen in ihrem Tun nicht nach, weil sie beseelt sind von dem Gedanken: »Irgendwann müssen Papa und Mama doch verstehen, was ich ihnen zeige!«
Kinder sind Geschenke, die den Erwachsenen auf schier unnachahmliche Weise zeigen, wie das Leben an Wert gewinnt, und die dafür sorgen, dass sie neue Erkenntnisse über sich gewinnen.

Was Kinder brauchen

Dass wir Kinder als Geschenke betrachten sollten, heißt jedoch nicht, sie als »Heilige« oder als »kleine Erwachsene« zu verklären. Denn das Leben mit ihnen bedeutet nicht nur ständigen neuen Erkenntnisgewinn, sondern es ist manchmal einfach nur anstrengend – nicht bloß für die Erwachsenen, sondern auch für die Kinder.
Da sie sich nicht mit dem Erreichten zufriedengeben und neues, unbekanntes Terrain erobern wollen, brauchen sie Erzieherpersönlichkeiten, die begleitend unterstützen, die loslassen können,

die den Heranwachsenden aber auch zeigen: »Ich bin da, wenn es in deinem Leben schwierig wird. Aber du entscheidest, wann du meine Hilfe brauchst!«»Halt mich, aber lass mich los, lass mich los, aber halt mich!« So lautet die Dramaturgie der Eltern-Kind-Beziehung. Erzieherpersönlichkeiten sind sich dessen bewusst, wissen aber auch, dass es im Alltag nicht immer möglich ist, hier eine Balance zu finden: Mal gelingt es und dann wieder nicht. Aber auch das kann man von Kindern lernen: nicht aufzugeben, sondern es immer aufs Neue zu versuchen!

Die Beschäftigung mit dem ganzen Thema macht Greta und Lars noch einmal deutlich, dass sie beide ganz unterschiedliche Vorstellungen davon haben, wie viel Autorität in der Erziehung herrschen soll. Sie überlegen, warum das so ist, und tauschen sich darüber aus, welche Erfahrungen in ihrer Kindheit sie dementsprechend geprägt haben.

Lebenslinien – Lebensmuster – Lebensaufgaben

Greta hat sich bei Lars schon oft über ihre Mutter Vera beschwert. Gleichzeitig ist sie, was ihre Gefühle anbelangt, immer auch ein wenig hin- und hergerissen. Denn ihr ist klar, dass es ihre Mutter nicht leicht gehabt hat. Sie musste Greta allein großziehen, weil Gretas Vater früh gestorben war. Um sie beide durchzubringen, arbeitete sie an der Rezeption in einem Hotel. So war Greta oft bei ihren Großeltern. Und die verwöhnten ihre Enkelin, da sie ja schon keinen Vater mehr hatte. Vera bemühte sich, dagegenzusteuern, weil sie fürchtete, ihre Tochter könne verzogen werden. Sie selbst war schon immer ein sehr disziplinierter Mensch mit festen Moralvorstellungen gewesen. So hatte sie auch ganz klare Vorstellungen von dem, was man tut und was nicht. Deshalb ließ sie Greta sehr wenig Spielraum, etwas auszuprobieren oder sich für etwas zu begeistern, das nicht in ihr Weltbild passte. Das änderte sich auch nicht, als Greta erwachsen wurde. Unter die

Kategorie »So was tut man nicht« fiel für sie zum Beispiel auch die Tatsache, dass Lars und Greta nicht heirateten, als das erste Kind unterwegs war. Vera konnte beim besten Willen nicht nachvollziehen, warum ihre Tochter »so etwas mitmache«.

Prägung durch die eigene Geschichte

Greta hat es aufgegeben, ihrer Mutter ihre Sicht der Dinge verständlich zu machen. Sie hat seit jeher das Gefühl, ihre Meinung werde gar nicht gehört. Denn egal, was sie in ihrer Kindheit und Jugend gewollt oder nicht gewollt hat, meist ging Vera darüber hinweg und dazu hat es häufig Moralpredigten gehagelt. Deshalb beschloss Greta schon früh, es bei ihren Kindern anders zu machen und ihnen mehr Entscheidungsfreiheit zu lassen beziehungsweise sie bei allem mehr einzubeziehen.

Allerdings gibt es auch gute Erinnerungen. An das Vorleseritual jeden Abend erinnert sich Greta heute noch gern. Das hat sie auch übernommen. Dieses Ritual basierte auf ganz klaren Regeln: Es wurden nur sanfte, beruhigende Geschichten vorgelesen. Dass Greta diese Regel auch übernommen hat, wird ihr erst klar, als sie jetzt darüber nachdenkt. Und sie muss schmunzeln, als sie an die Geschichte mit Pumuckl denkt. Damals war sie jedoch stinksauer.

»Von Pumuckl bekommt man Albträume«

Greta hatte das Wochenende bei ihren Großeltern verbracht und zum Abschied eine Kassette mit einer neuen Geschichte von Pumuckl bekommen. Greta konnte es gar nicht erwarten, sie anzuhören. Sie wusste auch schon ganz genau, wann sie es tun wollte …
Als ihre Mutter an diesem Abend zum Gute-Nacht-Ritual an ihr Bett kam, zeigte Greta ihr stolz das Geschenk und fragte:
»Mami, können wir die jetzt zusammen anhören?«
Vera schaute die Kassette an und zog die Stirn unwillig in Falten.
»Pumuckl? Nein, Kind, das ist nichts vor dem Zubettgehen.«
»Aber wieso denn? Pumuckl ist doch klasse! Ich wär auch gern manchmal so wie Pumuckl.«

»Siehst du, genau das ist es ja. Dieser Kobold setzt dir nur Flausen in den Kopf und dann bekommst du davon Albträume.«

»Nö, bekomm ich nicht.« Greta verschränkte die Arme und schmollte.

»Siehst du, da fängt es ja schon an! Nein, die Kassette hebe ich dir für einen Moment auf, in dem es besser passt.«

Ehe Greta widersprechen konnte, verschwand ihre Mutter aus dem Zimmer und versteckte die Kassette – »an einem sicheren Ort«, wie sie kurz darauf bemerkte.

Der Ort war leider so »sicher«, dass sie die Kassette später nicht mehr wiederfand. Und Greta war stocksauer und drohte ihrer Mutter, sie würde ihr das nie verzeihen. Denn sie glaubte, dass Vera sie angelogen und die Kassette einfach weggeworfen hatte. Inzwischen weiß Greta, dass es nicht so war. Denn ihre Mutter fand die Kassette eines Tages wieder. Aber da war Greta 14 und interessierte sich nicht mehr für Pumuckl.

Gretas Mann Lars konnte sich gar nicht an so ein Gute-Nacht-Ritual erinnern. An einen Gute-Nacht-Kuss von seiner Mutter schon. Aber die Gute-Nacht-Geschichten musste er selbst lesen. Und meistens waren die Geschichten, die er dann heimlich unter seiner Bettdecke las, auch nicht aus dem Stoff, aus dem sanfte Kinderträume gewebt sind. Das waren eher Abenteuergeschichten von Rittern, Piraten und Indianern. Mit den Helden dieser Geschichten fieberte er mit und wurde selbst zum Helden. Und in seinen Träumen war sein Vater dann ganz stolz auf ihn. Denn im richtigen Leben hatte Lars das Gefühl, er könne es ihm nie recht machen. Neulich hat Lars ein Zitat von Romano Guardini gefunden: »Wer einen Menschen bessern will, muss ihn erst einmal respektieren.« Die Zeilen hat er sich sogar notiert, weil er seinem Vater den Spruch bei einer günstigen Gelegenheit mal unter die Nase reiben will.

Lars' Vater arbeitete als Rechtsanwalt rund um die Uhr. Der Job bestimmte sein Leben und die Familie hatte das zu akzeptieren.

Denn schließlich rackerte er sich ja ab, damit sie gut leben konnte, wie der Vater sich auszudrücken pflegte. Fantastereien hatten da keinen Platz, das bekam Lars schon früh zu spüren.

»Zum Teufel mit dem lila Elefanten!«

Lars hatte in einem Buch etwas über Elefanten gelesen und war von diesen besonderen Tieren fasziniert. Kurz darauf entdeckte er in der Auslage eines Spielwarengeschäftes einen lila Elefanten Und er stellte sich vor, dass ein lila Elefant vielleicht sogar zaubern könne. Auf jeden Fall wollte er diesen Elefanten gern haben. Als er seinem Vater davon erzählte, schaute der seinen Sohn skeptisch an.

»Ein lila Elefant? Was willst du denn damit?«

»Ich glaub, dass der zaubern kann!«, erklärte Lars.

»So, du glaubst also, dass lila Stoffelefanten zaubern können. Nun gut, das wollen wir doch mal sehen.«

Daraufhin ging sein Vater mit ihm wirklich zu dem Spielwarengeschäft. Lars ging nicht, er hüpfte, so sehr freute er sich.

Doch dann traute er seinen Ohren nicht, als sein Vater statt des Elefanten einen Metallbaukasten für einen Kranwagen verlangte.

»Aber Papa, ich wollte doch den Elefanten haben«, sagte er traurig.

Sein Vater sah ihn streng von oben herab an. »Sohnemann, Elefanten können nicht zaubern und lila Stoffelefanten schon gar nicht. Hier! Das schult deinen Geist weitaus besser.« Und er überreichte ihm den Metallbaukasten.

Lars wollte nicht undankbar sein und baute den Kranwagen zusammen. Aber manchmal stellte er sich vor, der Kran wäre ein Elefant. Doch davon erzählte er seinem Vater natürlich nichts.

Prägung durch machtorientierte Erziehung

Lars und Greta erkennen in ihren langen Gesprächen über ihre Herkunftsfamilien, dass sie es beide auf unterschiedliche Weise mit machtorientierten Eltern zu tun hatten. Beide sind sehr »vernünftig« und nach strengen Regeln erzogen worden. Es blieb wenig Raum für Freude, für Fantasie, Träumerei und kreatives Chaos.

Keiner der beiden hat wirklich dagegen rebelliert. Sie kannten es ja nicht anders. Und nun sind Greta und Lars sich ein wenig unsicher, wie sie jeweils mit der Geschichte des anderen umgehen sollen. In einigen Dingen erkennen sie Verhaltensweisen, die sie den Eltern abgeschaut haben. Auch wenn vor allem Lars das nicht so gern zugibt. Sich selbst mit seiner Vergangenheit zu akzeptieren ist aber der erste Schritt, um Frieden zu schließen. Und das ist auf jeden Fall eine bessere Basis als Groll, der nur belastet und niemanden weiterbringt.

{ Prägung }

WAS BRINGT MAN MIT?
WIE WIRD MAN GEPRÄGT?

- **In welchen Situationen holen mich als erwachsene Person Prägungen aus der Jugend wieder ein?**
- **Was möchte ich anders machen?**
- **Was habe ich an meinen Eltern abgelehnt?**
- **Was habe ich gemocht?**

Fazit

Wer ein Kind hat, der hat es immer mit zwei Kindern zu tun: dem Kind, das vor einem steht, und jenem Kind, das man selbst war und dessen Anteile bis in das Hier und Jetzt hineinreichen – nicht selten unbewusst, nichtsdestotrotz aber wirksam und nachhaltig. Und mancher Vater, manche Mutter haben sich dann im Laufe ihrer Biografie geschworen, die Fehler, denen sie in der Kindheit und Jugend ausgesetzt waren, nicht zu wiederholen und jene Defizite, die sie einst erlebt haben, am Kind wiedergutzumachen. Wer die elterlichen Erziehungsstile pauschal ablehnt, der begibt sich jedoch in eine Sackgasse. So wichtig es ist, die Vergangenheit nicht zu verklären (»So schlimm war es ja auch wieder nicht! Aus mir ist doch schließlich was geworden!«) oder erdrückende Niederlagen im Nachhinein zu verharmlosen, so bedeutsam ist es, sich differenziert mit der eigenen Biografie auseinanderzusetzen. Damit Sie Ihren eigenen Weg finden können, sind zwei Aspekte wichtig, mit deren Inhalt sich die Auseinandersetzung lohnt:

1. Was hat Ihnen wehgetan? Und welche Erziehungsstile möchten Sie bei Ihren Kindern vermeiden?
2. Was hat Ihnen Halt gegeben? Und was möchten Sie Ihren Kindern weitergeben?

Auch Greta und Lars haben sich diese Fragen gestellt und folgende Formel für sich gefunden: »Achte auf das, was dich lebenstüchtig gemacht hat, zu einer Persönlichkeit hat werden lassen.«

Die Stärken von Gretas Mutter:

- Klare Vorstellungen von Erziehung zu haben, auch wenn sie manchmal über das Ziel hinausschoss.
- Haltgebende Rituale zu praktizieren.
- Die großelterliche Erziehung zu akzeptieren, nicht gegen sie zu arbeiten.
- **Die Stärken von Lars' Eltern:**
- Ihn fördern zu wollen, auch wenn dadurch seine Neigung zu träumen nicht respektiert wurde.
- Sich um eine Atmosphäre zu bemühen, die Lars Geborgenheit vermitteln sollte.

Gretas und Lars' Stärken:

- Bereit zu sein, sich mit sich und der eigenen Biografie auseinanderzusetzen.
- Die Fähigkeiten ihrer Eltern einschätzen zu können und ihre ständigen Bemühungen anzuerkennen.
- In der Lage zu sein, sich ihre Unterschiedlichkeiten für die Kindererziehung zunutze zu machen.
- Nicht um die Gunst der Kinder zu konkurrieren, sondern ihre jeweils unterschiedlichen Ansichten in der Begleitung der Kinder zu akzeptieren.

Liliths und Janis' Stärken:

- Ihren Eltern zu zeigen, dass beide durch deren verschiedene Erziehungsstile nicht durcheinandergebracht werden.
- Die mütterlichen Kompetenzen ebenso wie die väterlichen zu schätzen.
- An ihren Eltern zu erkennen, dass das Leben nicht Stillstand ist, sondern dauernde Veränderung und Bewegung. Und sich somit selbst auf den Weg machen zu können.

Greta und Lars sehen ihre Eltern heute nicht mehr so kritisch und müssen daher ihre Erziehungsstile nicht mehr aus einer Abgrenzung gegenüber ihren Herkunftsfamilien herleiten. Sie können nun ihre eigenen Stärken, die der Kinder und der großelterlichen Generation sehen. Deshalb lautet ihr neuer Glaubenssatz:

>»Kinder brauchen Orientierung,
>keine Bestimmer.
>Kinder wollen wissen,
>woran sie bei ihren Eltern sind.«

Oft sind lange und teilweise schmerzhafte Auseinandersetzungen zwischen Ehepartnern notwendig, bis sie akzeptieren können, dass ihre unterschiedlichen Lebensgeschichten ganz spezifische, eben auch unterschiedliche Erziehungsstile mit sich gebracht haben. Doch wenn das geschehen ist, kann jeder seine verschiedenen Fähigkeiten in die Erziehung einbringen. Und die Kinder wissen, woran sie bei ihren Eltern sind. »Mama«, so Lilith, »gibt meistens nach. Bei Papa ist das anders.« Und Janis meint lachend: »Bei Papa ist es dafür lustiger, Mama ist oft so vernünftig.« Kinder können also sehr gut mit unterschiedlichen Erziehungsstilen umgehen, wenn Sie sich selbst über Ihren Stil und den Ihres Partners im Klaren sind.

SO GEBEN SIE IHREM KIND ORIENTIERUNG

- Uneinige Erziehungsstile konkurrieren um die Gunst der Kinder. Wenn Sie sich jedoch über sich und Ihren Stil im Klaren sind und auch den Stil Ihres Partners respektieren können, gibt es keine Machtkämpfe innerhalb der Beziehung und es besteht auch keine Gefahr, dass Sie und Ihr Partner gegeneinander ausgespielt werden.

- Seien Sie sich bewusst, dass Sie eine Persönlichkeit sind, an der sich Ihr Kind orientieren will, an der es sich aber auch reiben und mit der es sich auseinandersetzen möchte. Daher ist es völlig normal, wenn es Grenzen überschreitet oder abgesprochene Regeln missachtet. Wenn Kinder dies tun, probieren sie sich aus, sie wollen erkunden, wie weit sie gehen können, und wissen, was dann passiert.

- Kinder können nur aus logischen Konsequenzen lernen. Daher ist es wichtig, dass Ihr Kind von vornherein weiß, welche sinnvolle Konsequenz es gibt, wenn es eine Absprache nicht einhält oder eine Regel bricht. Wohlgemerkt – keine Strafe! Denn Hausarrest oder Fernsehverbot haben keinen sinnvollen Bezug zu einem verloren gegangenen teuren Gegenstand oder zum Zuspätkommen. Mit Strafen wird versucht, Macht auszuüben und den Willen des Kindes zu brechen. Man will, dass es Reue zeigt und sich unterwirft, und erreicht nichts anderes als Rebellion oder Duckmäusertum. Einsicht und Erkenntnis bleiben außen vor.

- Wenn Sie sich als Persönlichkeit sehen können, gelingt es Ihnen auch, Ihr Kind in seiner Persönlichkeit zu akzeptieren. Sie und Ihr Kind sind nicht gleichrangig, denn die Verantwortung für die Erziehung liegt bei Ihnen, dem Erwachsenen. Aber Sie und Ihr Kind sind gleichwertig und das bedeutet, dass Sie sich gegenseitig Achtsamkeit und Respekt entgegenbringen.

- Versuchen Sie, Ihr Kind partnerschaftlich zu erziehen. Diese Erziehungshaltung hat nichts mit Laissez-faire zu tun. Eine Laissez-faire-Erziehung kennt keine Regeln, somit lässt sie das Kind allein und macht es deshalb orientierungslos. Eine Laissez-faire-Erziehung nimmt es nicht ernst, und weil es nicht ernst genommen wird, nimmt es auch andere nicht ernst. Respektloses Verhalten entsteht immer dann, wenn die Eltern sich aus der Erziehungsverantwortung stehlen. Wenn Sie sich dieser Verantwortung jedoch bewusst und in Ihrer Persönlichkeit authentisch sind, erhält Ihr Kind den Respekt und den Halt, die es braucht, um sich zu einem selbstbewussten und gesunden Erwachsenen zu entwickeln.

Ein Jahr später …

Die Erkenntnis, wie unterschiedlich sie durch ihre Familien geprägt wurden und wie sehr diese Erfahrungen sie geformt haben, führten Greta und Lars dazu, eine Paarberatung zu machen.

Greta verhandelt immer noch sehr viel mit den Kindern, kann aber mittlerweile ihre Bedürfnisse und Grenzen besser deutlich machen. So gibt es zwar noch Reibereien, aber Lilith und Janis tanzen ihr nicht mehr auf der Nase herum und sie fühlt sich nicht mehr so frustriert. Vor allem haben die Streitereien zwischen Greta und Lars abgenommen, da die beiden nun jeweils die Einstellung des anderen akzeptieren können. Dadurch sind sie auch öfter zu Kompromissen bereit. Mit ihrer Unterschiedlichkeit gehen sie außerdem viel offener und eindeutiger um. So gibt es jetzt einen »Mama-Abend« und einen »Papa-Abend« und die Kinder finden das »geil«. Von Greta und Lars erfordert es zwar eine erhöhte Achtsamkeit, weil Lilith und Janis am Anfang immer wieder mal versucht haben, sie gegeneinander auszuspielen. Aber inzwischen kommen sie ihnen schnell auf die Schliche. Was natürlich nicht heißt, dass es nicht auch ab und zu mal kracht. Doch nachdem die Fetzen geflogen sind und die Gemüter sich beruhigt haben, ist die Atmosphäre bereinigt und alle fühlen sich befreit. Durch diesen Prozess hat sich auch das Verhältnis zu Gretas Mutter verbessert. Nachdem Greta sich ihre Prägungen angeschaut hat und ihr Blick dabei auch auf das Gute gelenkt wurde, konnte sie Frieden schließen. Lars ging es ähnlich mit seinem Vater. So ist auch sein Verhältnis zu seinem »Alten« so gut wie noch nie.

Zwar wurde der Druck, dem Lars in seinem Job ausgesetzt ist, nicht weniger. Aber er geht nun jeden zweiten Abend eine halbe Stunde joggen. So kann er den angestauten Frust besser loswerden. Und Greta hat wieder mit Pilates angefangen, einer Gymnastikart, die Yoga und Ballettübungen vereint und die ihr sehr guttut.

Außerdem hatte Lars noch eine Idee, um ihrer Beziehung wieder einen besonderen Kick zu geben: eine Woche nur zu zweit zu verbringen – ohne die Kinder. Als er Greta diesen Vorschlag macht, ist sie erst dagegen. Ihr schlechtes Gewissen meldet sich. »Die Zeit, die wir mit den Kindern verbringen, ist doch so kostbar.« Doch als ihre Mutter ihnen zuredet und anbietet, bei den Kindern zu bleiben, und Lilith und Janis auch nichts dagegen haben, gehen Greta die Argumente aus und sie sagt nun doch sehr gerne zu.

Während die beiden ihren Urlaub genießen und Oma auf die Kinder aufpasst, kommt Janis auf die Idee, ein Kuscheltier für seine Mama zu besorgen. Lilith findet die Idee gut, aber nur, wenn Papa auch eins bekommen würde. Also machen sie sich mit Oma auf den Weg und werden bald fündig. Das Kuscheltier ihres Vertrauens ist ein lila Elefant. Weil der so stark ist und so eine dicke Haut hat.

Als ihre Eltern zurückkommen, können es Lilith und Janis gar nicht erwarten, mit ihrer Überraschung rauszurücken. Sie haben die beiden Elefanten extra schön verpackt. Und auch sie bekommen von Lars und Greta jeder ein Geschenk, das auch besonders schön verpackt ist. Und als alle die Geschenke ausgepackt haben, stehen vier lila Elefanten auf dem Tisch …

Bei so viel »Dickhäuterunterstützung« muss man sich um diese Familie wohl keine Sorgen mehr machen.

4

»Das Wichtigste ist,
dass man immer
für sein Kind
da ist.«

Mara Hoffmann hat ihre Tochter »Donata« genannt, das bedeutet »die Geschenkte« oder »die von Gott Gegebene«. Das sagt schon viel über Maras Verhältnis zu ihrem Kind aus. Sie war 41, als Donata auf die Welt kam. Mara hat lange gebraucht, bis sie sich dazu entschließen konnte, Mutter zu werden. Ihr Mann Robert drängte sie nicht. Im Gegenteil – ihm war es ziemlich egal.

Robert ist Ingenieur, arbeitet in einem Unternehmen für erneuerbare Energien und geht ganz in seinem Job auf. Das war schon immer so. Und auch bei Mara standen lange Beruf und Karriere an erster Stelle. Sie leitete die Presseabteilung in einer Bank und kümmerte sich dabei um jedes noch so kleine Detail.

Mara Hoffmann ist Perfektionistin. Wenn sie etwas anpackt, muss alles stimmen. Und wenn andere es nicht gut genug machen, macht sie es lieber selbst. Der Erfolg schien ihr recht zu geben. Sie erntete von allen Seiten Anerkennung, bewegte sich gekonnt auf jedem Parkett und verdiente genug, um es sich locker leisten zu können, für ein Paar Schuhe ein paar hundert Euro auszugeben. Sie genoss auch gern mit ihren Freundinnen exklusive Shoppingtouren und Wellnesswochenenden in schicken Hotels. Hauptsache edel, so lautete zu dieser Zeit ihr Entscheidungsmotto.

Ihr Mann Robert entdeckte zu jener Zeit seine Leidenschaft fürs Radfahren. Am Anfang machten sie noch gemeinsam Radtouren – auf Designerrädern, versteht sich. Aber dann packte Robert immer mehr der Ehrgeiz, sodass es Mara schließlich ganz recht war, dass er sich mit seinen Kumpels »freistrampelte«, wie sie es nannte.

Dann geschah etwas, das Mara wirklich überraschte. Marlene, ihre beste Freundin, eine eingeschworene Singlefrau, eröffnete ihr, dass sie schwanger sei. Und auch wenn sie Frank, den potenziellen Vater, erst drei Monate kennen würde, wäre sie sich sicher, dass sie die richtige Entscheidung getroffen hätte. Mara

konnte es nicht glauben. Ihre Freundin war wegen der Familien-
gründung sogar bereit, nach Berlin zu ziehen, weil Frank dort
arbeitete. Dieses Ereignis wirkte nach. Mara kam ins Grübeln. Mit
einem Mal hörte sie ihre biologische Uhr ticken. Wenn sie Robert
davon erzählte, meinte der nur: »Wenn du jetzt plötzlich unbedingt doch ein Kind willst, dann bitte. Aber halt mich da raus.«
So ganz war das freilich nicht möglich. Und den Part, den Robert
übernehmen musste, um den Plan in die Wirklichkeit umzusetzen, übernahm er ja auch gern. Allerdings klappte es mit der
Schwangerschaft nicht auf Anhieb. So hatte Mara Zeit, sich in
der monatelangen Phase des Probierens, Abwartens und Hoffens
gründlich auf ihre Mutterrolle vorzubereiten. Und da sie auch das
perfekt machte, fing sie schon mal an, Elternbildungskurse zu
besuchen, bevor auch nur im Entferntesten klar war, ob es überhaupt klappen würde mit dem Kinderkriegen. Sie steigerte sich
immer mehr in die Sache hinein, wurde zur Fachfrau in Fragen
der Erziehung, zumindest in der Theorie, und stilisierte die Mutterrolle hoch zum Urgrund allen Frauseins, zum Inbegriff von
Weiblichkeit. Ja, schließlich war sie sich sicher, dass frau ein Kind
brauche, um Erfüllung zu erleben.
Als der Schwangerschaftstest dann endlich positiv ausfiel, hätte
sie die ganze Welt umarmen können. Und als sich herausstellte,
dass es ein Mädchen werden würde, stand für Mara sofort fest,
dass es nur einen Namen geben konnte: Donata.

»Kinder brauchen ihre Mutter von Anfang an«

Donata ist inzwischen fünf Jahre alt. Mara hat ihren gut dotier-
ten Job aufgegeben und kümmert sich seit der Geburt voll und
ganz um ihr Kind. Für sie ist es das Wichtigste, immer für die
Kleine da zu sein. Das ist oft viel anstrengender, als Mara sich
das hätte träumen lassen. Aber als Mutter müsse man eben auch
Opfer bringen, so lautet ihre Überzeugung. Und das tue sie gern.

Auch wenn es einem keiner danken würde. Ihr Mann sieht das alles viel lockerer, hält sich weitgehend aus allem raus. Und wenn er dann doch mal einspringt, geht das meistens nicht, ohne dass Mara korrigierend eingreift. Denn bei der Erziehung ihrer Tochter ist Mara die gleiche Perfektionistin, die sie im Beruf war. Mehr als einmal hat sich Robert schon beschwert: »Man kann es dir doch sowieso nicht recht machen. Und das Schlimmste ist, du selbst kannst es dir auch nicht recht machen. Keiner kann das.« In solchen Momenten fühlt Mara sich sehr unverstanden. Und diese Momente häufen sich in letzter Zeit. Mara scheint von Menschen umgeben zu sein, die alle verantwortungslos locker, egoistisch und erzieherisch gesehen unprofessionell mit Kindern umgehen.

Mara hatte angenommen, in einer privaten Kindertagesstätte wäre das nicht so, deswegen hat sie Donata extra dort angemeldet. Aber auch in dieser Tagesstätte gibt es vieles, das ihr nicht passt. Zum Beispiel hat sie das Gefühl, man fördere die Kinder viel zu wenig.

Was sie überhaupt nicht verstehen kann, ist, dass so viele Mütter ihre Kinder den ganzen Tag dort lassen. Für Mara steht fest, dass die Mütter solcher Kinder meistens nur zu faul sind, sich nachmittags selbst um sie zu kümmern. Gut, manche sind ganztägig berufstätig, aber auch das kann Mara nicht nachvollziehen, sie findet dass schlichtweg egoistisch. Und dann erst die Krippenkinder! »Mein Gott, die armen Kleinen«, denkt Mara nur. »Ein Kind braucht seine Mutter doch von Anfang an!«

Das Wohl des Kindes im Fokus

Mara will alles dafür tun, dass ihr Kind auf allen Gebieten nur das Beste bekommt. Deswegen hat sie sich auch in den Elternbeirat des Kindergartens wählen lassen. Als aktuelles Projekt steht das alljährliche Sommerfest an. Mara hat extra ein kleines Theaterstück dafür geschrieben, das an diesem Fest gemeinsam mit Kindern und Eltern aufgeführt werden soll. Alle haben ihren Vorschlag begeistert aufgenommen. Aber nun muss sie feststellen, dass sie allein dasteht. Anfangs waren zwar noch einige Eltern beteiligt. Aber als Mara ihre Vorstellungen dann doch sehr stark einbrachte, weil sie das Gefühl hatte, keiner mache es gut genug, da sprang einer nach dem anderen ab. So bleibt also wieder mal alles an ihr hängen. Bühnenbild, Kostüme und Regie führen. Sicher, sie macht es gern. Nur würde sie sich schon wünschen, dass ihr Einsatz auch ein wenig mehr gewürdigt wird. Doch dann ermahnt sie sich, dass sie das ja schließlich alles für ihre Donata tut. An diesem Abend spitzen sich die Dinge jedoch zu.

»Muss ich den Zwergenkönig auch noch spielen?«
Heute will Mara ihrem Mann Robert das Theaterstück für den Kindergarten präsentieren. Es heißt »Die Blaubeerelfe und der Zwergenkönig«. Und natürlich soll Donata die Blaubeerelfe spielen. Mara hat ihr aus Tüll und blauem Taft ein Haute-Couture-fähiges Elfenkostüm geschneidert. Stolz präsentiert sich Donata in allerbester Elfenmanier tänzelnd von allen Seiten. Robert findet alles ganz wunderbar. Doch Mara entgeht nicht, dass ihr Mann in Gedanken eigentlich woanders ist. Immerhin scheint er sich Mühe zu geben, bei der Sache zu bleiben. Und so erzählt sie mit Donatas Unterstützung engagiert die Geschichte, die sie sich ausgedacht hat.
»Sehr schön«, sagt Robert am Ende nur.
Mara hätte sich ein bisschen mehr Begeisterung gewünscht. Da klingelt das Telefon. Es ist ein Anruf für Mara. Der Vater, der versprochen hatte, die Rolle des Zwergenkönigs zu spielen, sagt ab. Mara reicht es. »Soll ich den Zwergenkönig auch noch spielen?«, ereifert sie sich. Dann kommt ihr eine kühne Idee. Sie mustert Robert. »Und was wäre, wenn du ihn spielst?«
»Au ja, Papa!« Donata ist sofort begeistert.
Robert druckst herum. »Es wäre bestimmt interessant. Aber leider habe ich an dem Tag eine Radtour mit meinen Freunden geplant.«
»Pläne kann man ändern«, erwidert Mara spitz.
»In diesem Fall geht es aber ganz schlecht. Könnte man den Zwergenkönig nicht aus dem Stück streichen?«, schlägt Robert vor.

Mara schüttelt verärgert den Kopf: »Ich bitte dich, der Zwergenkönig ist doch der Hauptwidersacher der Elfen.«

Donata läuft in ihr Zimmer. Mara will ihr nachgehen, wirft Robert aber vorher noch vor: »Da siehst du, was du angerichtet hast. Das Kind ist am Boden zerstört.«

Aber schon kommt Donata fröhlich zurück und hält ihr die Kasperlepuppe vor die Nase.

»Hier, Mami, der Kasper kann doch den Zwergenkönig spielen.«

Mara versucht ihrer Tochter klarzumachen, dass das nicht das ist, was sie sich vorgestellt hat. Donata unterbricht sie hartnäckig mit Warum-Fragen. Mara spürt, dass sie langsam wütend wird. Sie ist so in ihrer Vorstellung verhaftet, wie das Stück auszusehen hat, dass sie einfach nicht umdenken kann.

»Also ich finde die Idee mit der Kasperpuppe gut«, mischt Robert sich schließlich ein.

«Dir ist das doch alles sowieso egal!«, fährt Mara ihren Mann plötzlich an. »Ich rackere mich von morgens bis abends ab und du unternimmst eine Radtour.«

»Dir kann es doch ohnehin keiner recht machen. Deswegen reißt du doch alles an dich!«, kontert Robert.

Donata geht dazwischen und fragt verschreckt: »Habt ihr euch jetzt nicht mehr lieb? Nur wegen dem Zwergenkönig?«

Mara hat Mühe, sich zu beherrschen, erklärt: »Nein, Schatz, wir streiten, weil dein Vater keine Zeit für uns hat.«

»Nein, weil deine Mutter keine Kasperpuppe als Zwergenkönig will«, zischt Robert.

Daraufhin reißt Donata sich ihren Elfenhut vom Kopf. »Du alte Hexe! Ich hasse dich!«, ruft sie.

Betroffen antwortet Mara: »Schatz, wenn du so was sagst, dann ist die Mama aber sehr traurig!«

»Mir doch egal!«, erwidert Donata trotzig und läuft in ihr Zimmer.

Mara erstarrt – zuerst kann sie gar nicht denken, dann hat sie nur noch eins im Kopf: »Du hast als Mutter versagt!« Dabei will sie doch nur das Beste für ihr Kind! Versteht das denn niemand?

»Das Wichtigste ist, dass man immer für sein Kind da ist.«

Sätze wie diese prägen Mara Hoffmanns Erziehungsmotto:

- Muttersein ist eine erfüllende Aufgabe, auch wenn sie einem keiner dankt.
- Mein Kind soll so viel Förderung erfahren wie möglich, und das geht nur, wenn ich mich selbst um alles kümmere.
- Ich opfere mich gern auf.
- Kinder brauchen ihre Mutter von Anfang an.

Bin ich als Mutter eine Versagerin?

Mara Hoffmann zieht sich zurück, um über den Streit mit Robert und Donatas Wutausbruch nachzudenken. Müsste sie sich noch mehr einbringen? Gibt sie nicht eh schon alles für das Wohl ihres Kindes? »Wenn ich in Donatas lächelndes Gesicht schaue, ist mir das Lohn genug«, sagt sie sich mit Nachdruck. Doch der Zweifel, der schon seit einer Weile an ihr nagt, lässt sich nicht wegdrücken und sie gerät tiefer ins Grübeln. Sie muss an ihre beiden berufstätigen Freundinnen denken, die immer wieder durchblicken lassen, dass sie überhaupt nicht verstehen, dass sie ihren Job aufgegeben hat. Manchmal machen sie sich sogar über sie lustig, weil sie angeblich ständig um Donata »herumwuselt«. Mara ist unsicher geworden, denn sie hat ihren Beruf schon sehr geliebt. Doch dann denkt sie daran, wie häufig die Kinder ihrer Freundinnen krank sind. Mara ist überzeugt, dass die Kleinen nicht glücklich sind und auf diese Weise die so notwendige

111

Mama-Zeit einfordern. Ihre Donata ist nur ganz selten krank! Und dann kommen ihr auch die Abschiedsdramen in den Sinn, die sich morgens oft abspielen, wenn die anderen Mütter ihre Kinder in der Tagesstätte abgeben. Mara schüttelt den Kopf. Nein, das käme für sie und Donata nicht infrage. Wenn Donata nicht in die Tagesstätte gehen will, dann lässt Mara sie eben zu Hause, sie hat ja nichts vor. »Wenn man arbeitet, dann geht das alles nicht.« Dennoch lassen sich die Zweifel nicht wegdrängen. Und sie denkt an ein Zitat von Pestalozzi, das sie einmal gelesen hat: »Eine glückliche Mutter ist für Kinder segensreicher als 100 Lehrbücher über die Erziehung.« Doch ist sie wirklich glücklich in diesem Leben, das ganz auf Donata ausgerichtet ist?

Wie weit muss man als Mutter zurückstecken?

Wenn Mara ganz ehrlich zu sich selbst ist, hat sie schon manchmal ihre Schwierigkeiten, als Mutter ständig zurückzustecken. Früher im Beruf, da war das anders. Da wurde wenigstens gemacht, was sie anordnete, und sie hatte echte Erfolgserlebnisse. Aber jetzt? Jetzt muss sie sich damit abfinden, dass es überhaupt keine Garantie gibt, dass Donata tut, was sie will, dass es nur sehr selten ohne Widerworte oder Diskussionen abgeht. Immer wieder muss Donata Regeln, die Mara aufgestellt hat, infrage stellen. Und dann dieses ständige ›Nein‹, diese Verweigerung, obgleich sie es wirklich nur gut mit ihr meint! Doch Donata begreift das anscheinend nicht. Nur ungern denkt sie an den Wutanfall, den Donata neulich wieder hatte. Da wollte sie ihrer Tochter nur helfen, sich etwas Hübsches zum Anziehen für den Kindergarten auszusuchen. Normalerweise darf Donata das allein machen, aber an diesem Tag hatte sie sich ein viel zu leichtes Sommerkleid herausgesucht, obwohl das Wetter kühl und regnerisch war. Mara sorgte sich, dass sich ihre Tochter erkälten könnte, und versuchte einzugreifen. Aber egal, was sie vorschlug, es war einfach alles falsch und es hieß nur noch »nein« oder »das ist blöd« oder »will ich nicht«. Mara erinnert sich, wie sie langsam ins Schwimmen kam und verzweifelt nach der richtigen Reaktion suchte bei so viel geballtem Trotz, der ihr da entgegenkam. Warum nur wollte Donata manchmal gar nicht kooperieren? Warum reagierte sie oft mit Wut und kratzbürstigem Widerstand, wenn Mara doch recht hatte und es außerdem nur gut mit ihr meinte? Als sie Robert von Donatas Wutanfall erzählte, antwortete er etwas sehr Überraschendes, das ihr nie in den Sinn gekommen wäre und an dem sie jetzt noch kaut.

»Was willst du eigentlich?«, fragte er sie und sah sie provozierend an. »Ein Kind, das sklavisch alles tut, was du von ihm verlangst? Du möchtest doch, dass sie eine eigenständige und selbstbewusste Persönlichkeit wird. Wenn sie deutlich nein sagt und auch mal deine Entscheidungen und Regeln infrage stellt, heißt das schließlich, dass sie nicht alles mit sich machen lässt. Was nebenbei bemerkt bei so einer Gluckenmutter, wie du es bist, eh schwierig genug ist. Durch die Konflikte mit dir lernt sie, sich zu behaupten, und das musst du eben aushalten!«

Gern hat sie das nicht gehört, aber sie muss zugeben, dass Robert schon recht hat. Sie möchte, dass Donata selbstbewusst ist, sich behaupten kann und nicht in der Masse aufgeht. Nur irritiert es sie, wenn sich dieses Selbstbewusstsein gegen sie, Mara, richtet und Donata so gar kein Verständnis für den mütterlichen Standpunkt zeigt. Außerdem hasst Mara nun mal Konflikte und Streit. Wenn sie ehrlich ist, ist das auch der Grund, warum sie schon seit jeher vieles lieber selbst macht. Dann hat sie zwar Stress, muss sich aber wenigstens mit niemandem auseinandersetzen, wenn es nicht so läuft, wie sie es sich vorgestellt hat.

Mara wird klar, dass Harmonie ein sehr wichtiger Aspekt in ihrem Leben ist und sie ihrem Kind auch aus diesem Grund oft nachgibt – wenn etwa Donata nicht in die Tagesstätte will, ist sie ganz froh, dass sie gar nicht gezwungen ist, sich durchzusetzen. Doch obwohl sie sich so auf Donata konzentriert, alles für sie tut und versucht, ihr eine verständnisvolle, ausgeglichene und liebevolle Mutter zu sein, hat sie das Gefühl, dass die Streitereien deshalb kein bisschen weniger werden. Und dann schießen ihr auf einmal immer mehr Fragen durch den Kopf:

- Muss ich als Mutter zurückstecken, um die Liebe meines Kindes zu erhalten?
- Wenn es mir gut geht, geht es dann automatisch dem Kind gut? Aber muss nicht vielmehr das Glück des Kindes im Mittelpunkt stehen?
- Woran erkenne ich, dass mein Kind glücklich ist?
- Wird mein Kind später dankbar sein für die Liebe, die es jetzt erfährt?
- Oder klammere ich vielleicht zu sehr? Sind ihre Wutausbrüche Zeichen dafür?
- Was passiert, wenn Donata ihre eigenen Wege geht? Wo bleibe dann ich?
- Wenn ich mein Kind von allen Krisen fernhalte, wird es dann lebenstüchtig? Habe ich nicht aus Krisen am meisten gelernt?
- Muss ich nicht Donata zutrauen, mit Schwierigkeiten fertig zu werden, auch wenn es mir schwerfällt?

Was macht eine gute Mutter aus?

Mara Hoffmann lässt in den nächsten Tagen das Thema nicht los. Einerseits ist sie immer noch der Meinung, dass man als Mutter voll und ganz für sein Kind da sein soll. Denn wohin führt es denn, wenn man nicht alles dem Wohl des Kindes unterordnet? Und dennoch … Vertieft in solche Gedanken durchstöbert sie den Büchertisch auf dem Basar des Sommerfestes im Kindergarten. »Wohin?« liest sie auf einem Buchtitel. Wie passend! Es ist ein Buch von Christa Meves und trägt den Untertitel »Auf der Suche nach der Zukunft«. Mara hat bisher noch nichts von dieser Autorin gehört. Sie blättert im Buch. Jemand hat es schon durchgearbeitet und einige Stellen angestrichen. Mara überfliegt mehrere Absätze und wird fündig: Hier steht schwarz auf weiß, was sie sich schon lange denkt, endlich eine Bestätigung in all ihren Zweifeln.

E ine vorrangige Betreuung des Babys durch die leibliche Mutter während der ersten Lebensjahre ist die beste Gewähr für spätere seelische Ausgeglichenheit.

CHRISTA MEVES

Und weiter: »Die Beteiligung naher, vertrauter Bezugspersonen, besonders des Vaters, ist möglich, aber nicht unter Ausschluss der Mutter.« Und auch die nächste Passage spricht ihr aus der Seele. Dort steht nämlich, dass »auch nur kurzfristige Trennungen in den ersten beiden Lebensjahren« soweit irgend möglich zu vermeiden sind, »da sie Trennungstraumata hervorrufen können, die lebenslänglich eine erhöhte Angstbereitschaft zur Folge haben«.

Mara ist davon überzeugt, dass es kein Zufall ist, dass sie gerade jetzt auf dieses Buch stößt. Sie kauft es und macht sich zu Hause gleich daran, es durchzulesen.

Die Familie geht über alles

Im Vorwort wird klar, dass Christa Meves sich auf der Basis ihrer christlichen Prägung nach der »1968er-Revolution« dem Kampf gegen die »Neuen Linken« verschrieb und dabei vor allem den Fokus auf die Familie legte. Denn für Christa Meves stellte es sich so dar, dass das Hauptziel der Neuen Linken die Abschaffung der Familie sei, und dagegen galt es anzukämpfen: »Wir können gewiss sein, dass jedem Einzelnen, der in dieser Zeit gelebt hat, einst die Frage gestellt werden wird, wie er die Demontage der Familien zulassen konnte.« Mara Hoffmann hat zwar ein wenig Schwierigkeiten, diesen Gedankengängen mit der Vehemenz zu folgen, mit der Christa Meves sie vertritt. Aber als sie sich die damalige Situation vorstellt, empfindet sie durchaus Hochachtung vor der Hartnäckigkeit, mit der die Autorin für ihre Sache kämpfte.

Frühe Bindung von Mutter und Kind

Mara blättert weiter im Text und sucht nach Passagen, die ihr mehr über die Nähe zur Mutter und die Mutterbindung erzählen. Zweifellos sind sie für die Autorin die entscheidende Basis, um ein Kind seelisch und körperlich gesund heranwachsen zu lassen: »Hier liegt der Ursprung, um später Menschlichkeit zu entwickeln, mit anderen Worten, lieben zu können. Diese zentrale Bedeutung wird durch das Mysterium der ersten Verwirklichung der Verbindung zwischen Mutter und Säugling gelegt! Dies ist die Basis, dass aus diesem Kind ein in sich glücklicher Mensch werden kann!« Mara Hoffmann atmet auf. Intuitiv hat sie es die ganze Zeit gespürt, wie wichtig es ist, dass sie von Anfang an uneingeschränkt für ihr Kind da war. Und es scheint ja laut Meves sogar in den chemischen Prozessen des Körpers angelegt zu sein: »Das zeigt sich auch darin, dass unter und nach der Geburt in das Hirn von Mutter und Kind ein Schwall des sogenannten Glückshormons Oxytocin ausgeschüttet wird. Die Freude am Kind wird gewissermaßen chemisch vorbereitet und unterlegt.«

Wenn das alles so klar ist, denkt Mara, dann ist es wirklich erstaunlich, wie die Rolle der Mutter, wie das Konzept Familie überhaupt so auf den Prüfstand gestellt werden konnte. Die Ausführungen, die Mara bei der Autorin dazu findet, irritieren sie dann doch ein wenig. Und als Meves auf den Punkt bringt, woran ihrer Meinung nach das ganze Dilemma liegt, hat Mara wirklich Probleme, sie zu verstehen. Die Autorin beruft sich dabei auf die Bibel.

Die christliche Basis

»Klarsicht über unsere Situation lässt sich sogar aus den Offenbarungen des heiligen Johannes lernen (...)« Und sie wird konkreter: »Im neunten Kapitel, Vers 2–5 der Offenbarung des heiligen Johannes heißt es: ›(...) und der Schacht des Abgrunds wurde geöffnet. Da stieg Rauch aus dem Schacht auf, wie aus einem großen Ofen (...) Aus dem Schacht kamen Heuschrecken über die Erde, und ihnen wurde eine Kraft gegeben, wie sie Skorpione haben.‹«

Mara rätselt, was die Autorin damit sagen will. Ein paar Zeilen später macht sie es deutlich:

»In diesem rauchverfinsterten Land leben wir. Diesen fressenden Ungeheuern sind wir seit fast 40 Jahren ausgesetzt; denn seit dieser Zeit versucht ein losgelassener Heuschreckenschwarm von Ideologen die Strukturen unserer Gesellschaft und damit unsere Zukunft aufzuweichen. In unverblümter Aussage soll die Familie als scheinbar veraltet (!) ganz abgeschafft werden.«

Mara hat Schwierigkeiten, diesem starken Bild zu folgen. Sie schiebt es auf die sehr christliche Prägung der Autorin. Und ihr christliches Anliegen, das sich durch das ganze Buch zieht, ja sozusagen seine Basis bildet, wird kurz darauf auch ganz deutlich, als sie schreibt:

»Aufwachen, um Himmelswillen aufwachen! Von den Politikern ist kaum Hilfe zu erwarten. Wir, die Christen in unserem Land, sind gefragt. (...) Wir brauchen eine christliche Kulturrevolution! (...) Also aufstehen! Hört diese Internationale von den Christen im christlichen Abendland!«

Der »törichte Geist der Moderne«

Mara ist ratlos. Sie würde sich zwar durchaus als christlich geprägt bezeichnen, aber das ist ihr dann doch irgendwie zu radikal und zu sehr nur in eine Richtung gedacht. Vor allem empfindet sie bei all den Anklagen ein leises Schuldgefühl. War sie nicht auch mal eine von denen? Also eine von den Frauen, die »fehlgeleitet« nur ihre Karriere im Auge hatten und gar nicht daran dachten, Mutter zu werden? Hatte damals nicht auch dieser »törichte Geist der Moderne«, wie Christa Meves ihn nennt, von ihr Besitz ergriffen? Der »törichte Geist der Moderne«, der es verstanden hat, »den Frauen einzublasen, dass nichts dümmer und lächerlicher sei, als eine liebevolle Mutter zu sein! Wahrhaft ein böser Geist, der die jungen Frauen dazu gebracht hat, ihm ihr Ohr zu leihen. Durch Propaganda für Verhütung, durch Abtreibung, durch Karriere-Befürwortung sucht er sein Ziel zu erreichen.«

Zweifel über Zweifel

Mara fragt sich, ob sie deswegen vielleicht als Mutter versagt, weil sie den Mutterinstinkt nie so kultiviert, nie so rein gehalten hat. Aber eigentlich hat sie sich seit Donatas Geburt nichts vorzuwerfen. Sie hat schließlich sofort ihren Arbeitsplatz aufgegeben, obwohl man ihr angeboten hatte, nach der Elternzeit halbtags wieder einzusteigen. Dabei geht Donata meistens gern in den Kindergarten und Mara hätte vormittags wirklich Zeit, sich ihren eigenen Interessen zu widmen. Doch die hat sie völlig zurückgestellt. Denn schließlich hat sie auch viele dieser Glücksmomente erlebt, wie Christa Meves zum Beispiel einen beschreibt: »Wie schlägt das Herz einer Mutter höher, wenn ihr Kind ihr auf den Schoß krabbelt und ihr das Gesicht streichelnd sagt: ›Mami, lieb!‹« Genau das spürt Mara immer wieder und dafür ist sie auch dankbar. Wenn nur diese Zweifel und die unterschwellige Unzufriedenheit nicht wären. Der Gedanke, wieder mehr für sich zu tun, geht ihr immer öfter durch den Kopf. Doch wie schnell kann eine Kinderseele Schaden nehmen, vor allem wohl auch, wenn das Kind von der Mutter getrennt wird. Christa Meves berichtet von einer Untersuchung, in der »hat man die Folgen der Trennung vor allem von der Mutter im Kleinkindalter im Speicheltest als Stresspegel gemessen, der oft lebenslänglich erhalten bleibt«. Und sie führt die Hirnforschung an, die belegen würde, »dass die beste Lehrmeisterin des Kindes die leibliche, liebevolle, sich den Urbedürfnissen des Kindes voll ausliefernde Mutter ist«. Mara seufzt. Also scheint es ja richtig gewesen zu sein, ihren Job aufzugeben, als Donata auf die Welt kam, und sich ganz auf ihr Kind zu konzentrieren. Eigentlich müsste sie doch zufrieden sein. Woher kommt dann nur immer wieder dieser Zweifel?

Gerade als Mara in ihre selbstzerstörerischen Gedanken vertieft ist, ruft ihre Freundin Marlene an. Als Mara ihr von ihren Gewissensbissen und Kämpfen erzählt, wäscht die ihr den Kopf. Und gibt ihr als Erstes den Rat: »Lern mal wieder, auch Frau zu sein. Du bist doch nicht nur Mutter.« Und dann meint Marlene, Mara solle sich bloß nicht so verunsichern lassen. Klar sei es gut, sich mal zu informieren, aber doch nicht zum Zweck der Selbstdemontage. Und sie macht Mara den Vorschlag, Mann und Kind einfach mal für ein paar Tage sich selbst zu überlassen und sie zu besuchen. Da könnten sie mal wieder wie in alten Zeiten eine Nacht durchquatschen. Mara gefällt der Vorschlag eigentlich gut. Doch sie zögert, sich so lange von Donata zu trennen, und vertröstet Marlene – im Augenblick wisse sie nicht, wie sie das alles organisieren solle, aber aufgeschoben sei ja nicht aufgehoben.

Nach dem Gespräch fällt Mara noch einmal der Spruch von Pestalozzi ein, dass eine glückliche Mutter für Kinder segensreicher sei als 100 Lehrbücher über die Erziehung. So, wie sie sich im Augenblick fühlt, ist sie alles, nur nicht glücklich. Ist sie da nicht schon per se keine gute Mutter für ihr Kind? Mara beschließt, mit ihrem Mann darüber zu sprechen und noch einmal genauer zu überlegen, wie perfekt Mütter sein müssen.

Die Begriffe Bindung und Sicherheit

Manche werden sich vielleicht fragen, warum in einem Buch, das aktuelle Diskussionen aufgreift, eine Autorin wie Christa Meves auftaucht. Der Grund ist, dass sie über Jahrzehnte hinweg familienpolitische Diskussionen begleitet und geprägt hat, die bis in die Gegenwart hineinreichen, wenn man zum Beispiel an die (fragwürdigen) Begründungen für das Betreuungsgeld denkt – ein Faktum, das hoffentlich schon in ein paar Jahren eine historische Randnotiz sein wird.

Meves hat immer wieder auf die Bedeutung familiärer Erziehung für die Heranwachsenden, vor allem für die jüngeren Kinder verwiesen und dies an der Mutter-Kind-Beziehung veranschaulicht. So wichtig die Bindung zwischen einer Mutter und ihrem Kind auch ist, wird ihm dennoch nicht allein durch seine Mutter Sicherheit und Geborgenheit vermittelt. Es kann genauso gut eine enge Beziehung zu anderen festen Bezugspersonen aufbauen.

Meves und weitere Verfechter der Mutterrolle spielen in ideologischer Absicht berufstätige Mütter gegen Mütter aus, die zu Hause bleiben, um sich ihrem Kind zu widmen. Denn diese Argumentation suggeriert: Nur wenn die Mutter sich ununterbrochen um ihr Kind kümmert, ständig für es da ist und dabei eigene Bedürfnisse hintanstellt, fühlt sich ein Kind geborgen. Bindung und Beziehung werden so auf Quantität reduziert. Bekannte Bindungsforscher wie der englische Entwicklungspsychologe John Bowlby, die deutschen Klaus E. Grossmann oder Liselotte Ahnert, um nur einige zu nennen, machen das Bindungsverhalten oder die -beziehung jedoch nicht an quantitativen Momenten fest. Die englische Entwicklungspsychologin Mary Ainsworth definiert Bindung als ein gefühlsmäßiges Band, das eine Person zu einer anderen Person knüpft. Sie kann an mehr als eine Person gebunden sein, vor allem muss die Bindungsperson nicht, wie populistisch gerne behauptet und verklärt wird, die Mutter sein. Bindungen können sich sogar unter widrigen Umständen ausbilden, sofern ein Minimum an Beständigkeit und Fürsorge vorhanden ist.

Wie sieht die ideale Bindung aus?

John Bowlby begründete in den 1950er-Jahren die sogenannte Bindungstheorie. Diese besagt unter anderem, dass Säuglinge das angeborene Bedürfnis haben, Nähe, Zuwendung und den Schutz einer vertrauten Person zu suchen. Babys besitzen ein angeborenes Verhaltensrepertoire, das ihnen im ersten Lebensjahr die Nähe ihrer Bezugsperson sichern soll. Im Idealfall reagiert diese einfühlsam und fürsorglich auf die Bedürfnisse des Kindes, zum Beispiel durch Hochnehmen, Streicheln, Schaukeln und so weiter, und vermittelt ihm so bei Bedarf die nötige Sicherheit. Auf diese Weise baut sich ein interaktives Bindungssystem auf, das dem Säugling besonders in den ersten Lebenswochen und -monaten erste Erfahrungen vermittelt, die grundlegende Auswirkungen auf seine Persönlichkeitsentwicklung haben. Damit sich ein Kind sicher gebunden fühlt und dadurch später wichtige Eigenschaften wie Selbstvertrauen und Selbstbewusstsein ausbilden kann, braucht es von Anfang an Bezugspersonen, auf die es sich verlassen kann, die es in bedrohlichen Situationen schützen und ihm reale, aber auch emotionale Sicherheit geben, sodass es sich bei seiner jeweiligen Bezugsperson aufgehoben fühlt. Wohlgemerkt, diese Bezugsperson muss nicht zwingend die Mutter sein!

Ein typisches Merkmal sicher gebundener Kinder ist, dass bei einer Trennung zwar durchaus Tränen fließen, die Kinder untröstlich und verzweifelt erscheinen – doch dass sie sich sehr schnell beruhigen lassen, sobald die Bezugsperson wieder auf der Bildfläche erscheint. Anders bei unsicher gebundenen Kindern.

Unsicher gebundene Kinder
Die Wissenschaft unterscheidet bei unsicher gebundenen Kindern zwischen unsicher-vermeidendem und unsicher-ambivalentem Bindungsverhalten. Unsicher-vermeidende Kinder haben von Anfang an sehr wenig Einfühlsamkeit erlebt. Vor allem in Situationen, in denen sie Hilfe gebraucht hätten, mussten sie die Erfahrung machen, dass niemand für sie da war. Sie fühlen sich von ihren Bezugspersonen häufig alleingelassen und zeigen bei einer Trennung keine deutlichen Reaktionen. Aus Angst vor Zurückweisung und Enttäuschung ziehen sie sich zurück, und wenn die Bezugsperson wieder auftaucht, meiden sie deren Nähe.

Unsicher-ambivalente Kinder haben ihre Bezugsperson als unberechenbar erlebt. Mal wurde auf ihre Signale reagiert, mal wieder nicht. Daher müssen sie sich ständig deren Nähe vergewissern und zeigen ihre Frustration häufig sehr lautstark. Sie entwickeln laut Bowlby schnell heftige Trennungsängste, sodass ihr Neugierverhalten sehr eingeschränkt ist. Hinzu kommt ein sehr widersprüchliches Verhalten der Kinder: Wenn die Bezugsperson zurückkommt, suchen sie einerseits Trost bei ihr, quengeln, nörgeln und erzwingen ihre Aufmerksamkeit, andererseits reagieren sie gleichgültig oder sogar ablehnend auf deren Kontaktbemühungen.

Trost und Unterstützung finden

Dass ein Kind von Anfang an verlässliche feste Bezugspersonen braucht, steht also außer Frage. Doch je älter Kinder werden, umso mehr kommen noch weitere Faktoren ins Spiel, die Meves nicht berücksichtigt. Denn auch die Bedürfnisse, die das Kind hat, die Persönlichkeit des Kindes, sein Recht auf Eigenständigkeit und Autonomie haben in diesem Weltbild keinen Platz. Zu einer sicheren Bindung gehört nämlich auch, dass die Bezugspersonen des Kindes bereit sind, es bedingungslos anzunehmen, wie es ist. Idealerweise finden Kinder bei ihren Bezugspersonen – sei es Mutter oder Vater, sei es Tagesmutter oder Erzieherin – Trost, Zuwendung, Hilfe und Unterstützung. Kinder wollen in ihren Bedürfnissen ernst genommen werden. Um zum Beispiel bei Trennungsschmerz ihre heftigen Gefühle verarbeiten zu können, ist es wichtig, dass diese tiefen Emotionen nicht bagatellisiert oder als unangemessen dargestellt werden, nach dem Motto »Jetzt heul doch nicht!« oder »Das ist doch alles gar nicht so schlimm!«. Jeder Mensch empfindet Schmerz schließlich anders. Auch wenn das Kind wütend wird und zornt, sollte es nicht heißen: »So mag Mama (oder Opa oder …) dich aber gar nicht.« Das Kind muss auch wütend und zornig sein dürfen. Nur wenn das individuelle Empfinden des Kindes solchermaßen anerkannt wird, fühlt es sich auch in seiner Persönlichkeit angenommen.

Was zeichnet sicher gebundene Kinder aus?

Laut Bowlby wissen sicher gebundene Kinder, dass ihnen ihre Eltern in angst- und stressbetonten Situationen und Augenblicken zur Seite stehen – sie können aber auch darauf vertrauen, dass sie neugierig sein und unbekanntes Terrain erforschen dürfen.

Und der Entwicklungspsychologe Jürg Frick bestätigt das, wenn er beschreibt, dass sich sicher gebundene Kinder durch ein selbstsicheres, ausgeglichenes Wesen auszeichnen, durch Neugierde und Interesse an ihrer Umgebung sowie durch Spontaneität und Flexibilität.

Sicherheit führt zur »Entbindung«

Erst wenn das Bindungsbedürfnis durch eine sichere emotionale Basis befriedigt ist, kommt das zweite angeborene Bedürfnis zum Tragen: das Explorationsverhalten. Dieser Drang, die Umwelt zu erkunden, nimmt ab etwa zwei Jahren deutlich zu, wobei sich das Kind in diesem Alter noch wiederholt bei der Mutter durch Blicke oder auch Körperkontakt rückversichert.

Wenn Kinder also in die Welt hinauswollen, dann hat das normalerweise nicht mit einer brüchigen, nicht ausgebildeten Mutter-Kind-Beziehung zu tun. Vielmehr handelt es sich um eine normale Entwicklung des Heranwachsenden. Je mehr die Mutter oder der Vater klammert, umso heftiger müssen die Kinder sich aus der symbiotischen Beziehung lösen, umso schmerzhafter ist das für die Eltern. Nicht zu Unrecht spricht man im Trotzalter oder in der Pubertät auch von einer »zweiten Entbindung«, denn das Kind will losgelassen werden, Erfahrungen sammeln, sich ausprobieren und seine Persönlichkeit entfalten. So sehr sie ihre Eltern lieben – heranwachsende Kinder spüren, dass es noch ein Leben jenseits der Geborgenheit gibt, ein pralles Leben voller magischer Momente!

Aber um dorthin zu kommen, müssen sie sich, wie die Helden im Märchen, auf den Weg machen, müssen sie Herausforderungen bewältigen, sich ängstigen, sich fürchten. Von nichts kommt nichts! Sie müssen sich spüren können im Positiven wie im Negativen. Und je aufgehobener sie sich in ihrer Bindung zu Bezugspersonen wissen, je mehr Zuspruch und Ermutigung sie erfahren, umso befreiter gehen sie in die Welt hinaus. Nur weil sie sich geborgen fühlen, können sie den Schritt ins Unbekannte wagen.

Dem Kind etwas zutrauen

Kennen Sie noch das Lied vom »Hänschen klein«? »Hänschen klein ging allein in die weite Welt hinein, Stock und Hut stehn im gut, ist auch wohlgemut.« Übersetzt in die Alltagssprache heißt das, dass das Kind in die Welt hinauszieht, es wird nicht gefahren, sondern bewegt sich selbst weg, um sich zu erproben. Dabei ist es bestens vorbereitet, denn es hat einen Stock in der Hand, der ihm bei jedem Schritt Halt gibt, und einen Hut auf dem Kopf, der es »behütet«. Jedes Kind, das vertraute Zusammenhänge verlässt, braucht Behütung, benötigt »gute Wünsche«, um die zahlreichen Herausforderungen, die es in der weiten Welt erwarten, zu bestehen.

Und weiter heißt es im Lied:»Aber Mutter weinet sehr, hat ja nun kein Hänschen mehr, wünsch dir Glück, sagt ihr Blick, kehr nur bald zurück.« Natürlich ist die Mutter traurig, weil sie weiß, wenn er zurückkehrt,»ist's kein Hänschen mehr, sondern ein großer Hans«. Doch sie lässt ihren Heranwachsenden los, lässt ihn ziehen, ausgestattet mit den besten Wünschen und dem Vertrauensvorschuss, den er braucht:»Du schaffst das!« Und nicht mit verunsichernden Sätzen wie:»Sei bloß vorsichtig, denn jetzt kann ich mich ja nicht mehr um dich kümmern. Und allein wird es sicher sehr schwierig für dich!«

Sichere Bindung und Resilienz

Eine sichere Bindung, darin sind sich alle Bindungsforscher einig, ist ein herausragender schützender Faktor in der (früh)kindlichen Entwicklung. Sie gilt als ein Element, das Stärke und Eigenständigkeit ausbilden hilft und Kinder dabei unterstützt, Krisen, die für die kindliche Entwicklung wichtig sind, zu bewältigen. Hierfür hat sich der Begriff der Resilienz eingebürgert. Die Pädagogin Corina Wustmann beschreibt Resilienz als Fähigkeit, erfolgreich mit belastenden Lebensumständen umzugehen und sich von negativen Erlebnissen nicht unterkriegen zu lassen.

Resiliente Kinder sind sicher gebundene Kinder, die von ihren Bezugspersonen dabei unterstützt werden, selbstständig zu werden. Da ihnen Vertrauen in ihre Fähigkeiten entgegengebracht wird, trauen diese Kinder sich auch selbst etwas zu und sind bereit, neue Erfahrungen zu machen (mehr zur Resilienz siehe fünftes Kapitel ab Seite 148).

Liebe, Geduld und Vertrauen

Der Pädagoge Otto Friedrich Bollnow hat vor mehr als einem halben Jahrhundert über die Tugenden des Erziehens, der Bindungs- und Bezugsperson geschrieben und dabei drei zentrale Momente herausgestrichen: Liebe, Geduld und Vertrauen. Damit hat er wesentliche Aspekte einer Erziehungsbeziehung benannt.

Oder wie es ein anderer deutscher Pädagoge formulierte:

Erziehung ist Vorbild und Liebe.

FRIEDRICH FRÖBEL

Mit Vorbild ist gemeint, authentisch zu sein und Begriffe wie Achtung und Respekt vorzuleben. Das bedeutet, dass die Eltern auch das Kind achten, es in seinen Alters- und Entwicklungsbesonderheiten respektieren, es verstehen und dort ihrer Erziehungsverantwortung nachkommen, wo sie notwendig ist.

Liebe umfasst zunächst Selbstliebe. Das bedeutet, sich als Bezugsperson so anzunehmen, wie man ist, und den Gedanken an Perfektionismus und Alles-im-Griff-haben-Müssen aufzugeben.

Dann ist da noch die Geduld. Erziehung bedeutet, sich selbst und den Kindern Zeit zu geben, sich zu entwickeln. Und Entwicklung bedeutet für Eltern wie Kinder nicht, dass es stetig aufwärtsgeht. Es ist vielmehr ein Gemenge aus Fortschreiten, Innehalten und Rückwärtsgang. Wer Kinder und sich in der Entwicklung begleitet, der erkennt auch die Umwege und Sackgassen.

Und schließlich ist da noch das Vertrauen – das Vertrauen in sich selbst und das Vertrauen, das man in das Kind setzt. Vertrauen ist verbunden mit der Gewissheit, dass die Wirkung von Erziehung nicht vorhergesagt werden kann. Und trotzdem gilt es, in Beziehung zum Kind zu bleiben.

Durch die tiefere Beschäftigung mit dem Thema Bindung hat Mara Hoffmann schließlich verstanden, dass mütterliche Nähe nichts mit ständiger Anwesenheit zu tun hat. Eine sichere Bindung ergibt sich vor allem auch daraus, dass ein Kind sich von seiner Mutter so angenommen weiß, wie es ist, und nicht, wie die Mutter es gern hätte. Sichere Bindung ist also keine Frage von zeitlicher Rundumbetreuung, sondern eine Frage der Qualität der Beziehung. Wenn Kinder spüren, dass ihre Mutter eine starke, authentische Persönlichkeit ist, weil sie sich nicht nur als Mutter definiert, sondern auch als Frau, stärkt sie das. Sie freuen sich, wenn die Mutter da ist, halten ihre längere Abwesenheiten aber auch gut aus.

Diese Erkenntnis bringt Mara dazu, einmal darüber nachzudenken, wodurch ihr Mutterbild geprägt wurde. Was wurde ihr in ihrer Kindheit vorgelebt?

Lebenslinien – Lebensmuster – Lebensaufgaben

Mara Hoffmann hat an ihre Kindheit und Jugend keine so guten Erinnerungen. In der Familie war die Atmosphäre oft spannungsgeladen und Mara stand unter dem Druck, irgendetwas tun zu wollen, damit sich die dicke Luft wieder klärte. Aber vieles lag gar nicht in ihrer Macht. Ihr Vater war ein Workoholic, er arbeitete in einem großen Unternehmen in der Druckindustrie und war dort Betriebsratsvorsitzender. Und Mara bekam von klein auf das Gefühl vermittelt, dass die Angelegenheiten der Belegschaft immer wichtiger waren als die Familie. Sie hatte noch zwei jüngere Geschwister, einen Bruder und eine Schwester, um die sie sich häufig kümmern musste. Nicht, weil ihre Mutter sich nicht selbst kümmern wollte, sondern weil diese oft im Obst- und Gemüseladen ihrer Eltern mithelfen musste und deshalb häufig nicht zu Hause war. Dadurch hatten sie zwar immer frisches Obst und Gemüse, aber Mara wäre es lieber gewesen, wenn ihre Mutter mehr Zeit für sie gehabt hätte. Ihre Mutter hatte sie immer mehr wie eine Vertraute behandelt, nicht wie eine Tochter. Sie schüttete Mara ihr Herz aus, wenn der Vater wieder Tage hintereinander erst nachts heimkam. Sie nahm ihr aber auch immer das Versprechen ab, dem Papa ja nichts zu verraten.

Und ihr Papa machte es genauso. Den Frust darüber, wenn seine Frau schlechte Laune hatte, lud er bei Mara ab, wirkte dann unglücklich und hilflos. Und Mara versuchte, ihn zu trösten, ihm Gewissheit zu geben, dass die Mami ihn bestimmt lieb hätte. Aber sie hätte eben so viel zu tun. Wie überfordert sie damit war, wurde ihr erst später klar. In der aktuellen Situation war sie zu sehr damit beschäftigt, Wege zu finden, die Familienharmonie wiederherzustellen. Und sie erinnert sich an einen besonders schlimmen Tag, sie war vor Kurzem erst 13 geworden.

Prägung durch die eigene Geschichte

Es war ein heißer Sommertag im August und Maras Mutter hatte Geburtstag. Sie wollte gar nicht groß feiern, nur mit der Familie schön zusammensitzen und grillen. Mara hatte mit ihren kleinen Geschwistern für die Feier noch extra ein Lied mit einer selbst ausgedachten Choreografie geprobt. Das Ganze wollten sie vorführen, sobald ihr Vater auch zu Hause wäre. Doch er kam und kam nicht. Die Holzkohle, die Maras Bruder schon mal angezündet hatte, war fast wieder verglüht. Da Maras Geschwister langsam ungeduldig wurden und so laut knurrten wie ihre Mägen, willigte die Mutter ein, dass wenigstens sie schon mit dem Grillen anfangen konnten. Als die ersten Bratwürste verputzt waren, stieg die Stimmung wieder, nur nicht bei Maras Mutter. Und auch Mara schaute immer wieder nervös auf die Uhr und wartete darauf, dass ihr Vater endlich heimkam. Denn ihre Geschwister wurden schon quengelig, weil sie ihre Gesangsnummer endlich präsentieren wollten.

Da klingelte das Telefon. Mara nahm den Anruf entgegen. Es war ihr Vater, der etwas von einer ganz wichtigen Betriebsratssitzung erzählte, und er würde jetzt auch gleich kommen, hätte da nur ein Problem. Er habe noch nichts für die Mama besorgt.

Ob Mara im Laden um die Ecke noch einen Blumenstrauß kaufen könne, bevor er schloss? Vor Wut hätte Mara den Telefonhörer am liebsten durchs Zimmer gepfeffert. Aber sie wollte ihre Mutter nicht enttäuschen. So versprach sie ihrem Vater, die Blumen zu besorgen. Als Mara ihrer Mutter eröffnete, dass sie noch mal kurz wegmüsse, war die gar nicht erfreut, und so lief Mara mit ungutem Gefühl los, um den Auftrag ihres Vaters zu erledigen. Wenig später versteckte sie den Strauß im Vorgarten an einem verabredeten Platz. Als sie wieder zu ihrer Mutter zurückkam, war diese allein. Maras Geschwister hatte sie bereits in ihr Kinderzimmer geschickt. Und nun schüttete sie ihrer »Großen« ihr Herz aus: »Nicht mal an meinem Geburtstag kann dein Vater sich Zeit nehmen. Er lässt mich mit allem allein. Und wenn du mir nicht so helfen würdest, ginge es gar nicht mehr. Das Schlimme ist, dass er es noch nicht mal sieht. Von Dank will ich ja gar nicht sprechen. Den kannst du als Mutter sowieso nicht erwarten. Das wird doch eh alles als selbstverständlich hingenommen. Wie es mir dabei geht, ist ihm doch egal. Für ihn zählt nur das Geschäft.« Mara verspürte einen Kloß im Hals, wusste nicht, was sie antworten sollte. »Aber er hat dich bestimmt noch lieb...«, sagte sie leise. »Ja, ja, schon gut«, erwiderte die Mutter und strich ihrer Tochter übers Haar. »Aber versprich mir, dass du ihm nichts sagst, ja?«

»So will ich später nicht werden!«
Da kam ihr Vater nach Hause. Er versuchte, sein schlechtes Gewissen mit guter Laune zu überspielen. »Herzlichen Glückwunsch zum Geburtstag«, sagte er und überreichte der Mutter den Blumenstrauß. Sie nahm ihn stumm entgegen.
Maras Vater fuhr fort: »Ja, du, tut mir leid. Aber es gab da noch etwas Wichtiges im Betriebsrat zu regeln. Ich hoffe, ihr habt mit der Feier nicht auf mich gewartet.«
»Doch, das haben wir!«, rief Maras Mutter wütend und feuerte die Blumen durchs Wohnzimmer.
Einen Moment lang sagte keiner ein Wort.

»Ich hab doch gesagt, es tut mir leid«, versuchte der Vater ein-
zulenken, berührte ihre Mutter an der Schulter. Sie stieß seine
Hände weg, fauchte: »Ich glaub, ich lass mich scheiden.«
Maras Geschwister kamen dazu. »Sollen wir jetzt singen?«
Mara schüttelte nur stumm den Kopf.
Ihr Vater jedoch meinte: »Oh ja, wie schön. Da freut sich eure
Mami bestimmt. Die ist nämlich gerade etwas sauer auf Papa.
Meint ihr, ihr schafft es, sie wieder aufzuheitern?«
»Jaaaaa!«, riefen beide.
Der Vater warf Mara einen flehenden Blick zu. Da konnte sie nicht
anders. Sie sang mit ihren Geschwistern zusammen das Geburts-
tagslied. Aber die ganze Zeit spürte sie dabei den Kloß im Hals …
Als sie sich am nächsten Tag mit ihrer Freundin Marlene traf,
leistete sie einen Schwur. Sie zündeten eine Kerze an und von
Marlene unterstützt schwor Mara, dass sie später alles anders
machen würde. Erstens wolle sie erst Kinder in die Welt setzen,
wenn sie sich auch um sie kümmern könnte. Zweitens wolle sie
nie so abhängig von einem Mann werden wie ihre Mutter, auch
finanziell. Und drittens wolle sie eine harmonische Familie, in
der es nicht dauernd Streit gab. Dann pusteten sie die Kerzen aus
und riefen dreimal: »Kerzen erlöschen, Schwüre nicht!«

»Undank ist der Welt Lohn«
Mara wird schwer ums Herz, als sie über das alles nachdenkt.
Jetzt hat ihr Mann auch keine Zeit für sie, wie ihr eigener Vater.
Und mit der finanziellen Unabhängigkeit ist es, seit sie ihren
Arbeitsplatz aufgegeben hat, auch nicht mehr weit her. Mit Schre-
cken fällt ihr auf, dass sich alles zu wiederholen scheint. Viel-
leicht ist es noch nicht ganz so schlimm wie damals bei ihren
Eltern, aber die Tendenz ist eindeutig zu erkennen. Vor allem
spürt Mara in sich die gleichen Unzufriedenheitsgefühle wie ihre
Mutter. Wenn sie ehrlich ist, sehnt sie sich auch nach Beachtung,
möchte, dass jemand wahrnimmt und wertschätzt, was sie den
ganzen Tag tut. Von Donata kann sie das nicht erwarten. Die ist ja

noch ein Kind. Und für ihren Mann scheint das mittlerweile alles selbstverständlich geworden zu sein, genau wie für ihren Vater. Oder ist es bei Robert sogar noch schlimmer? Ihm ist es ja sogar egal gewesen, ob sie ein Kind in die Welt setzten oder nicht. Sie hatte die Entscheidung getroffen, weil sie es zu dem damaligen Zeitpunkt so gern wollte. Und natürlich will sie das alles immer noch, ist jeden Tag dankbar, dass Donata auf der Welt ist.

Marlenes Worte am Telefon fallen ihr ein: »Lern mal wieder, auch Frau zu sein. Du bist doch nicht nur Mutter.«

Mara kommt ins Grübeln und sie beschließt, Marlene zu besuchen. Vielleicht ist es Zeit für einen neuen Schwur, einen, in dem Mara sich verspricht, besser für sich zu sorgen und sich als Frau wiederzuentdecken.

Gedankenverloren blättert sie die Zeitung durch, die auf dem Tisch liegt. Der Spruch des Tages ist angekreuzt. Das muss ihr Mann gewesen sein beim Frühstück: »Mein Sohn ist so aufmerksam«, berichtet eine Frau der anderen, »jede Woche schickt er mir Blumen!« »Mein Sohn denkt auch dauernd an mich«, sagt die andere. »Jede Woche, wenn er zu seinem Psychiater geht, spricht er über nichts anderes, nur über mich!«

Mara grinst. Ein gutes Zeichen, denkt sie. Immerhin können wir noch über dasselbe schmunzeln…

{ Prägung }

WAS BRINGE ICH MIT?
WIE WIRD MAN GEPRÄGT?

- **In welchen Situationen holen mich als erwachsene Person Prägungen aus der Jugend wieder ein?**
- **Was möchte ich anders machen?**
- **Was habe ich an meinen Eltern abgelehnt?**
- **Was habe ich gemocht?**

Fazit

Mara wird klar, dass sie die ganze Zeit versucht hat, nicht dieselben Fehler zu machen wie ihre Eltern – dafür hat sie nun andere gemacht. Niemand ist unfehlbar oder perfekt. Zumindest haben sich ihre Eltern nicht scheiden lassen, sondern sich immer wieder zusammengerauft. Und wenn Mara darüber nachdenkt, muss sie sich eingestehen, dass ihre Mutter nicht nur wegen der Finanzen bei ihrem Vater geblieben ist. Bei allem Ärger, den ihre Mutter empfunden und allzu oft mit ihr geteilt hatte, war doch auch eine große Zuneigung auf beiden Seiten zu spüren gewesen und der Wille, immer wieder eine Lösung für ihre Konflikte zu finden. Und so beginnt Mara sich zu überlegen, wo die Stärken in ihrer Familie liegen.

Maras Stärken:
- Sich mit ihrer Lebensgeschichte auseinanderzusetzen, die konstruktive Seite zu erkennen, aber auch jene Schatten, die in die Gegenwart hineinreichen.
- Die Fähigkeit, Schlüsse zu ziehen, dass sie sich durch die Überforderung in ihrer Kindheit auch im Hier und Heute noch überfordert.
- Zu sehen, dass sich der Perfektionismus, den sie im Beruf an den Tag gelegt hat, auf die Kindererziehung überträgt, und dass dieses Tun in die Irre führt.

Die Stärken ihrer Eltern:
- Trotz beruflichen Eingebundenseins den Kindern Halt und Begleitung zu geben.
- Den Kindern, insbesondere Mara, Selbstständigkeit und Selbstbewusstsein mitzugeben, auch wenn damit nicht selten eine gefühlsmäßige Überforderung verbunden war.
- Vor den Kindern die Probleme offen zutage treten zu lassen. Doch auch Lösungen zu finden.

Roberts Stärken:
- Nicht in Konkurrenz zu seiner Frau zu gehen, sondern sich um seinen Weg in der Beziehung zu seiner Tochter zu bemühen.

131

- Zu merken, dass er seine Frau mit der Erziehung nicht allein lassen kann, und zu versuchen, sich auf seine Weise in die Erziehung »einzuklinken«.

Donatas Stärken:
- Sich als eigenständige Persönlichkeit zu begreifen, die ihre Position ausfüllen muss.
- Die Fähigkeit, sich dagegen zu wehren, von ihrer Mutter als Projektionsfläche für deren pädagogische Bemühungen (»Ich will doch nur dein Bestes!«) gebraucht zu werden.
- Dort ein »Nein« zu formulieren, wo sie spürt, dass Grenzen überschritten werden. Ein »Nein«, das nicht als Ablehnung gemeint ist, sondern als Ausdruck des Selbstvertrauens.

Mara hat durch diese Überlegungen gelernt, dass sie sich nicht länger von ihrer eigenen Geschichte abzugrenzen braucht. Sie setzt sich nun nicht mehr so unter Druck, eine »perfekte« Mutter zu sein, deren einziges Ansinnen sein muss, rund um die Uhr für das Glück ihres Kindes zu sorgen. Daher lautet Maras neuer Glaubenssatz:

»Ich bin dreierlei – ich bin Frau, ich bin Mutter und Tochter meiner Eltern.«

Mara hat auch erkannt, dass ihr Kind nicht dadurch glücklich wird, dass sie versucht, Konflikten aus dem Weg zu gehen. Donatas »Aufmüpfigkeit« kann sie jetzt anders einordnen. »Kinder haben ein Recht auf ein ›Nein‹! Und je geborgener sie sich fühlen, umso mehr trauen sie sich, es einzusetzen, um sich zu behaupten.«

Vor allem hat Mara verstanden, dass ihr Kind weder Lebenszweck noch Projektionsfläche ist, sondern eine eigenständige Persönlichkeit. Natürlich braucht Donata ihre mütterliche Begleitung, doch Mara erkennt nun die Grenzen ihres Einflusses und glaubt nicht länger, dass sie sich nur noch mehr anstrengen muss, damit sie Donata »richtig« erzieht. Das hat die Lage spürbar entspannt.

SO FINDEN SIE EINE GESUNDE BALANCE IN DER ELTERN-KIND-BEZIEHUNG

- Wenn Sie als Mutter in der Erziehung aufgehen und alles nur darauf anlegen, Ihr Kind glücklich und zufrieden zu machen, besteht die Gefahr, dass Sie selbst auf der Strecke bleiben. Achten Sie darauf, achtsam mit sich selbst umzugehen, denn nur wenn Sie Ihre emotionalen Bedürfnisse ausleben und zu ihnen stehen, geht es auch Ihrem Kind gut.

- Kinder wollen authentische Eltern. Wer authentisch ist, der macht Fehler. Versuchen Sie, sich von der Idee zu verabschieden, dass Sie perfekt erziehen können, und akzeptieren Sie sich in Ihrer Unvollkommenheit. Das entspannt die Beziehung zu Ihrem Kind ungemein.

- Kinder wünschen sich Halt und Geborgenheit. Sie möchten Eltern, die für sie da sind. Aber dies ist keine Frage der Dauer, es ist eine Frage der Intensität. Häufig ist weniger eben mehr.

- Kinder brauchen Herausforderungen, um sich weiterentwickeln zu können. Wenn Sie es rundum versorgen und »beglucken«, ist das eher kontraproduktiv.

- Kinder wollen so angenommen sein, wie sie sind. Sie wollen in all ihren Persönlichkeitsanteilen verstanden werden, eben auch in jenen, die Sie als Eltern nicht so gern mögen, ja sogar ablehnen. Es ist einfach, Kinder anzunehmen, wenn sie funktionieren, sie wollen aber auch verstanden werden, wenn sie unbequem sind.

- Es gibt für Mütter auch noch ein Leben als Frau, als Partnerin. Dieser Teil der Biografie braucht Raum und Zeit, damit es Ihnen gut geht und Sie genug Kraft haben, um Ihrer Verantwortung für das Kind gerecht zu werden.

Ein Jahr später …

Nachdem Mara erkannt hatte, dass sie auf dem Weg war, die Krise ihrer Eltern zu wiederholen, wenn auch mit anderen Rahmenbedingungen, zog sie die Notbremse. Zunächst gab sie sich einen Ruck und besuchte tatsächlich für zwei Tage ihre Freundin Marlene. Es gelang ihr, die Zeit zu genießen, und Marlene redete ihr noch einmal ordentlich ins Gewissen, unterstützte sie in ihrem Vorhaben, wieder mehr für sich selbst zu tun.

Und wieder zu Hause angekommen, zeigte sich, dass Donata weder in ihrer Abwesenheit krank geworden war oder jetzt übertrieben klammerte, noch war Robert im Chaos versunken. Solchermaßen ermutigt plante Mara mit ihrem Mann einen Kurzurlaub zu zweit. »Überraschenderweise« war dazu gar nicht viel Überredungskunst nötig. Sie planten, für vier Tage in das Elsass zu fahren, und schafften es auch, dieses Vorhaben in die Tat umzusetzen. Donata blieb problemlos bei Oma und Opa, also bei Roberts Eltern.

Mara und Robert nutzten die Tage, um ausführlich über ihre verfahrene Situation zu sprechen, und machten eine Bestandsaufnahme. Robert erklärte Mara schließlich: »Du hast dich für die Mutterrolle entschieden, dann nimm sie jetzt auch an. Aber sorg gut für dich, besser als bisher.«

Mara machte ihm klar, dass sie sich von ihm alleingelassen fühlt, und bat ihn künftig um mehr Unterstützung. Wobei sie gleich einräumte, dass sie es ihm wegen ihres Perfektionswahns bisher nicht leicht gemacht hat, ihr unter die Arme zu greifen. Sie versprach, in dieser Hinsicht an sich zu arbeiten. Und Robert versprach im Gegenzug, sich Möglichkeiten freizuschaufeln.

Und ein ganz wichtiger Punkt ihrer Klärung war, dass sie gemeinsam feststellten, dass sie mehr Zeit für sich als Paar bräuchten.

Kurze Zeit später entführte Robert seine Frau zu einem lauschigen Abendessen beim Italiener. Zur Nachspeise präsentierte er ihr zwei Gutscheine. Einer war für einen einjährigen Tangokurs,

der andere beinhaltete das Versprechen, dass er sich einmal die Woche abends um Donata kümmern und sie außerdem abwechselnd mit ihr in den Kindergarten bringen wolle. Mara konnte es kaum glauben:»Meinst du, wir schaffen das?«
Ihr Mann lächelte zuversichtlich.»Ich schon.«
Die neue Regelung geht nun schon seit Monaten gut, die gesamte Situation ist sichtlich entspannt. Und das liegt nicht nur daran, dass Mara jetzt einmal die Woche etwas nur für sich tut, indem sie abends in einen Yogakurs geht. Sie hatte sich auch von Anfang an fest vorgenommen, Robert an seinem Papa-Abend nicht dreinzureden, indem sie ihm zum Beispiel vorschreibt, was zu Abend gegessen wird oder wie das Gute-Nacht-Ritual auszusehen hat.
Zum ersten Mal probiert sie aus, wie es ist loszulassen, und es fühlt sich erstaunlich gut an. Und Donata und Robert genießen ihren»Papi-Abend«.
Maras und Roberts Partnerschaft wiederum profitiert von ihrem gemeinsamen Tangoabend – der Kurs tut beiden spürbar gut.
Nun steht das nächste Sommerfest bevor. Für Donata ist es zugleich ein Abschiedsfest vom Kindergarten, denn im Herbst kommt sie in die Schule. Mara hat für das Fest eine Fortsetzung ihres Stückes von der Blaubeerelfe und dem Zwergenkönig geschrieben. Natürlich darf Donata wieder die Elfe spielen. Und diesmal gibt es in Maras Geschichte eine neue Figur. Sie ist entstanden, weil Donata so gern wollte, dass ihr Papa auch mitspielt. Robert fand die Idee sogar gut, meinte aber:»Das muss die Mama entscheiden. Ich weiß ja gar nicht, ob sie eine Rolle für mich hat in ihrer Geschichte.«
So erfindet Mara noch den Koboldritter von der knorrigen Gestalt dazu. Er wohnt in einer Eiche und ist der Freund aller Wurzelkobolde und Blaubeerelfen, hilft ihnen, als der Zwergenkönig mal wieder einen fiesen Plan gegen sie ausheckt.
Das Stück wird ein Riesenerfolg. Immer wieder applaudiert das Publikum. Mara stehen vor Rührung die Tränen in den Augen. Und zwei Mitspieler sind besonders stolz: Donata, die Blaubeerelfe auf ihre Mutter und Robert, der Koboldritter auf seine Frau.

»Wir sollten unsere Kinder glücklich machen.«

Für Christian Solbach war die Suche nach dem Glück schon früh ein wichtiger Lebensinhalt. Um seinem Ziel näherzukommen, reiste er nach seinem Völkerkundestudium einige Monate durch Asien. In Indien lernte er seine Frau Katharina kennen. Es war Liebe auf den ersten Blick. Und in dieser Zeit fühlte sich Christian seinem Wunschziel schon sehr nahe. Wie hatte sein Lieblingsdichter Hermann Hesse doch mal geschrieben:»Glück ist Liebe. Wer lieben kann, ist glücklich.« Das Gefühl hielt an, auch als sie wieder nach Deutschland zurückgekehrt waren. Beruflich hatte Christian weniger Glück. Wenn er überhaupt eine Stelle bekam, war sie immer nur befristet. Und während seine Frau mit einer Freundin einen Buchladen aufbaute, kümmerte er sich mehr und mehr um den Haushalt. Mit Kindern hatten sich Christian und Katharina bewusst Zeit gelassen. Es sollte einfach alles stimmen, damit sie ihnen eine wirklich glückliche Kindheit bieten konnten. Denn die hatte Christian nicht gehabt. Vor allem mit seinem Vater war er oft aneinandergeraten. Oder besser gesagt, er hatte passiven Widerstand geleistet, sich in seine Bücher und in Tagträume geflüchtet. Sein Vater hatte dann nur den Kopf geschüttelt und festgestellt:»Bei dir ist Hopfen und Malz verloren. Wer nur an die Decke starrt, wird nicht glücklich.« Seitdem tat Christian alles dafür, seinem Vater das Gegenteil zu beweisen. Seine kostbare Lebenszeit für eine berufliche Karriere zu vergeuden kam nicht infrage, denn das führte – davon war Christian überzeugt – sowieso nur zu einem Burnout. Entschleunigung lautete das Gebot der Stunde. Und Christian übte sich darin, indem er viel las oder in seinem Garten herumwerkelte und dabei seinen Gedanken nachhing. Seine Frau hingegen wuchs immer mehr in die Rolle der Geschäftsfrau hinein. Das Einzige, was Christian tröstete, war die Tatsache, dass sie ihr Geschäft mit Büchern machte. Trotzdem spürte Christian, wie sie sich immer mehr von ihm entfernte. In dieser Phase brachte er die Nachwuchsfrage intensiver ins Gespräch. Nach vielen Kannen grünen Tees waren die Pläne, wie sie den Alltag dann organisieren könnten, klar. Und die Lösung war einfach: Christian erklärte sich bereit, sich voll um die Kinder und den Haushalt zu kümmern. Dieser theoretischen Auseinandersetzung ließen sie auch praktische Taten folgen und neun Monate später wurde Simon geboren, zwei Jahre später kam Selina dazu.

Ist Glück »machbar«?

Mit den Kindern erlebt ihre Ehe wieder neue Glücksmomente und im Prinzip sind sie sich einig, dass sie alles dafür tun wollen, ihre Kinder glücklich zu machen. »Im Prinzip« meint hier die grobe Richtung. Denn im Detail prallen ihre verschiedenen Sichtweisen immer wieder aufeinander.

Katharina findet, dass Christian mit den Kindern nicht konsequent genug ist. Und er besteht auf seiner Ansicht, dass Kinder sich selbst erziehen. »Streit lohnt sich nicht. Der vergiftet nur die Atmosphäre.« Man brauche zu allem nur ein wenig Geduld.

Dass Katharina ihn in diesem Punkt nicht verstehen will, schmerzt Christian. Er fühlt sich nicht anerkannt. Was nützen seine ganzen Anstrengungen, ein »perfekter Vater« sein zu wollen, wenn keiner es wertschätzt? In solchen Momenten zieht er sich gern in den Garten zurück, um mit seinen Pflanzen zu sprechen. Und er genießt es, dass sie nicht widersprechen können. Diese Liebe zur Natur versucht er, auch seinen Kindern zu vermitteln. Sie sollen lernen, sich verbunden zu fühlen, eingebunden in den Gesamtkosmos. Hatte Seneca nicht einst geschrieben: »Glückselig ist also ein Leben, welches mit seiner Natur im Einklang steht.« Gut, Seneca meinte hier wahrscheinlich mehr die eigene Natur im Sinne vom eigenen Wesen. Aber Christian nimmt das nicht so genau. In seinem Garten muss er oft an seinen Opa Gustl denken. Der war ein leidenschaftlicher Gärtner gewesen und hatte sich viel Zeit für seinen Enkel genommen, um mit ihm gemeinsam im Garten herumzuwerkeln. Christian hat diese Stunden immer sehr genossen. An diesem Tag beschließt er jedoch, die Arbeit im Garten ruhen zu lassen und sich nur der Muße hinzugeben. Schließlich hat er bereits zwei Maschinen Wäsche gewaschen und frisches Körnerbrot gebacken, somit hat er sich das verdient. Er freut sich auf seine Hängematte, nichts ahnend, dass dieser Nachmittag noch eine besondere Herausforderung für ihn bereithält.

»Streit vergiftet nur die Atmosphäre«

Christian schafft es zunächst, Simon und Selina, die inzwischen sieben und fünf Jahre alt sind, davon zu überzeugen, wie viel Spaß es macht, Unkraut im Gemüsebeet zu rupfen. Blumenkohl, Tomaten und Radieschen würden es ihnen bestimmt danken. Simon will eigentlich lieber mit Chris, wie er seinen Vater auf Christians Ermutigung hin nennt, einen Kaninchenstall bauen. Aber da Kaninchen noch nicht von Mama Kathi genehmigt worden sind, einigen sie sich darauf, das zu verschieben. Sonst könnte Kathi ja denken, sie solle gar nicht gefragt werden. Und Christian will auf gar keinen Fall über sie hinweg entscheiden, wie sein Vater das immer wieder bei seiner Mutter gemacht hat.

So beginnen Selina und Simon also, Unkraut zu zupfen. Christian macht es sich in seiner Hängematte bequem, um in der Zeitung zu lesen. Auf diese Weise kann er die Kinder zwar nicht besonders gut im Auge behalten, aber Christian hält sich für außerordentlich multitaskingfähig. So genießt er die Zeit in der Hängematte, allerdings nicht mehr lange …

»Dreht euch nicht um, der Doofsack geht um«

Mit einem Mal landet eine Schnecke mitten auf Christians Zeitungsseite. »Also ne, wie grausam ist das denn!«, beschwert er sich bei seinen Kindern, die das Ganze kichernd beobachten. »Schnecken schmeißt man doch nicht durch die Gegend. Das mögen die gar nicht.« Und er reicht sie seiner Tochter.

»Selina, magst du sie an den Rand setzen? Aber nicht auf den Salat.« Damit ist die Sache für Christian erledigt und er liest weiter. Jetzt will Simon unbedingt die Umsiedelung der Schnecke übernehmen. Das will aber Selina nicht. Wütend reißt Simon eine Margerite raus und bewirft seine Schwester damit. Selina hält sich an das Basilikum.

Als Christian das mitbekommt, steht er auf, stellt sich hinter die beiden, schluckt seine Wut hinunter und versucht, sie in gemäßigtem Ton zu stoppen. »Das ist wirklich nicht nett, was ihr da macht. Da leiden die Pflanzen drunter. Also lasst das bitte sein.« Selina und Simon tun so, als würden sie nichts hören, und machen einfach weiter.

»Bitte, stellt euch mal vor, jemand würde euch so schlecht behandeln«, versucht Christian die Empathie der beiden zu wecken. Doch Selina und Simon ignorieren ihn weiter und werfen nach wie vor mit Blumen und Kraut. Beide sind schon ziemlich dezimiert.

»Hört ihr mich nicht oder wollt ihr mich nicht hören? Und es wäre wirklich schön, wenn ihr mich mal anschaut, wenn ich mit euch rede!«, ruft Christian jetzt mit erhobener, aber immer noch bemüht freundlicher Stimme. Er hatte irgendwo gelesen, dass es gut sei, die Kinder anzuschauen, wenn man etwas von ihnen will. Doch seine beiden denken nicht dran. Im Gegenteil.

»Dreht euch nicht um, der Doofsack geht um!«, ruft Simon und Selina stimmt kichernd mit ein.

Christian ist erschüttert. Bisher dachte er immer, er sei ein Freund für seine Kinder. Und das Einzige, was ihm dazu einfällt, ist: »Wenn ihr so fies zu mir seid, bin ich auch fies. Dann gibt's eben nachher kein Abendessen.«

Christian hat seine Drohung dann doch nicht wahr gemacht. Die Geschichte lässt ihn jedoch nicht los. Als er Katharina davon erzählt, meint die: »Du hättest gleich viel konsequenter durchgreifen sollen.«

»Wie denn?«, verteidigt sich Christian. »Die beiden waren doch außer Rand und Band. Was hättest du denn gemacht?«

Katharina überlegt kurz. »Ich hätte sie ins Haus gesperrt.«
»Was?« Christian ist entsetzt. »Kathi, das könntest du wirklich tun? Das ist doch Freiheitsberaubung! Auch für solche Situationen muss es eine harmonische Lösung geben«, sagt er mit Nachdruck. Aber wie die aussehen könnte, weiß er selbst nicht.

»Wir sollten unsere Kinder glücklich machen.«

Sätze wie diese prägen Christian Solbachs Erziehungsmotto:

- Kinder brauchen keine Autorität, sie erziehen sich selbst.
- Wichtig ist es, ihnen das Gefühl zu geben, man ist ein guter Freund, der für alles Verständnis hat.
- Stress löst sich von allein auf, man braucht nur Geduld.
- Streit lohnt sich nicht. Der vergiftet nur die Atmosphäre.

Wie lassen sich Konflikte harmonisch lösen?

Christian denkt darüber nach, warum er es kaum aushält, wenn es Streit gibt. Am schlimmsten ist es für ihn, wenn er laut werden muss, weil Simon und Selina gar nicht auf ihn hören. Wenn er spürt, wie die Wut in ihm hochkocht. Christian seufzt, richtig erschreckend findet er das. Verzweifelt bemüht er sich dann, ein gleichmütiges Gesicht und eine ruhige Stimme zu bewahren, damit er den beiden ein gutes Vorbild ist. Doch Kathi meinte neulich eiskalt, dass er sich das sparen könne:»Du solltest mal dein Gesicht in solchen Momenten sehen. Dein linkes Augenlid fängt an zu zucken und deine Lippen werden so schmal, dass man nur noch einen Strich sieht! Die Kinder spüren doch längst, dass das nur Fassade ist! Die fordern dich dann erst recht heraus, weil sie hinter deine Harmoniemaske gucken und wissen wollen, wer ihr Vater wirklich ist.« Christian war entsetzt. Von wegen Maske! Es ist schließlich seine tiefe Überzeugung, dass Streit nichts bringt und man ruhig und ausgeglichen bleiben sollte – oder sich zumindest bemühen sollte, es zu bleiben. Sie sind doch schließlich eine Familie! Und wie sollte es denn bitte schön auf der Welt Frieden geben können, wenn sie es schon im Kleinen nicht schafften! Er versteht nur nicht, dass das in der Familie niemand außer ihm zu begreifen vermag. Und zu danken scheint es ihm ohnehin niemand. Er muss wieder an die Szene neulich im Garten denken. Doch die war noch gar nichts, verglichen mit dem Streit, der sich gestern nach dem Kindergarten abspielte! Im Auto war noch alles friedlich abgegangen, doch zu Hause hatten sich Simon und Selina wegen irgendeiner Nichtigkeit so fürchterlich in die Haare bekommen, dass beide geschrien und geheult hatten und um ein Haar richtig aufeinander losgegangen wären. Er hatte sofort versucht, die Wogen zu glätten, ihnen einen – wie er fand – tollen Kompromiss vorgeschlagen, doch alles, was er zu hören bekommen hatte, war »Lass mich in Ruhe« und »Du verstehst überhaupt nichts, Papa!«.

Als er Katharina am Abend davon erzählte, schüttelte die nur den Kopf:»Warum mischst du dich denn ein, wenn sie dich gar nicht um Hilfe gebeten haben? Die beiden kommen schon allein klar, warum traust du ihnen das denn nicht zu? Und überhaupt – wir können uns doch nicht in einem fort an den Händen halten! Streit schafft Reibung und wo Reibung ist, da ist Wärme. Solange wir uns gegenseitig Achtung und Respekt entgegenbringen, kann doch gar nichts passieren!«

Darüber hat Christian noch nicht so richtig nachgedacht. Wenn es in seiner Familie früher Streit gab, war es immer unter die

Gürtellinie gegangen. Von Respekt hatte er da herzlich wenig gespürt. Ihm dämmert langsam, dass Streit nicht gleich Streit ist und nicht immer gleich eine Katastrophe bedeuten muss. Er fragt sich ja ohnehin schon lange, warum Simon und Selina so oft nicht hören wollen und es immer wieder auf einen ernsthaften Konflikt ankommen lassen, obwohl er doch in erster Linie ihr verständnisvoller Freund sein will und nicht derjenige, der schließlich auf den Tisch haut. Gehören Konflikte, gehört Streit etwa einfach zum Familienalltag dazu? Ist es nicht wichtig, das zu akzeptieren, anstatt seine Kraft in die Vermeidung von Konflikten zu legen? Und schon kommen weitere Fragen auf:

- Ist Streit unvermeidlich, weil Kinder, je älter und eigenständiger sie werden, ihren eigenen Standpunkt haben und diesen auch vertreten wollen?
- Tragen sie Konflikte nicht nur deshalb aus, weil sie sich sicher und respektiert fühlen?
- Sind Krisen nicht Bestandteil des Lebens? Lerne ich aus ihnen nicht mehr als aus Erfolgssträhnen?
- Muss ich meinen Kindern nicht alle Gefühle vorleben, auch diejenigen, die ich nicht an mir mag?
- Kann ich eine authentische Persönlichkeit sein? Oder mute ich meinen Kindern zu viel zu, wenn ich ihnen zeige, dass ich sauer oder wütend bin?
- Haben Kinder nicht das Recht auf Glück, auf Zufriedenheit in einem harmonischen Zuhause? Muss ich nicht doch in erster Linie dafür Sorge tragen?

Wie macht man Kinder glücklich?

Christian bekommt durch Zufall das Buch »Das Geheimnis glücklicher Kinder« von Steven Biddulph in die Hände. Er hat sofort ein supergutes Gefühl und hält es für ein Zeichen. Und schon nach den ersten Seiten fühlt er sich bestätigt. Ja, dieser Steven Biddulph versteht ihn, als ob er in seine Seele schauen könnte.

»Viele Menschen sind zum Unglücklichsein programmiert worden. Man hat ihnen als Kinder – unabsichtlich – beigebracht, unglücklich zu sein. Und sie leben die Rolle der Unglücklichen bis an ihr Lebensende weiter.« Wie recht Steven doch hatte! Genau dagegen will Christian ja mit all seiner Kraft angehen. Damit das seinen Kindern nicht passiert. Und er ist froh, dass Steven Biddulph in seinem Buch aufzeigen will, »wie schnell man Kindern einimpfen kann, sich selbst nicht zu mögen, und wie man ihnen damit ein Leben lang Probleme auflädt«. Und weiter:

Es geht deshalb allein darum, wie man negative Programmierungen vermeidet – und wie man Kinder zu glücklichen Kindern macht.

STEVEN BIDDULPH

Christian hat das Gefühl, den entscheidenden Schlüssel gefunden zu haben. Er nimmt sich vor, all die Programmierungen, die er mit sich herumschleppt, genauer unter die Lupe zu nehmen.

Die Kraft negativer Glaubenssätze

In vielen der Sätze, die Steven Biddulph als negative Beispiele anführt, erkennt Christian Sätze seines Vaters wieder:

- »Bei dir ist Hopfen und Malz verloren.«
- »Du wirst es noch bereuen.«
- »Mein Gott, bist du faul!«

Aus eigener Erfahrung kann Christian bestätigen, dass sich ein Kind nach solchen Aussprüchen »schlecht und minderwertig fühlt«.

Und ganz dick streicht er sich Passagen an, die darauf hinweisen, dass solche Sätze im Unterbewusstsein weiterwirken: »Wie Samen werden sie in der Psyche keimen und das Selbstverständnis des betroffenen Menschen beeinflussen, um am Ende sogar seine gesamte Persönlichkeit zu prägen.«

»Also Steven meint dazu…«

Solche Sätze liest er dann auch seiner Frau Kathi vor, gewöhnt sich an, sie zu verbessern, wenn sie mal etwas nicht »Biddulph-gerecht« formuliert und »Du-Botschaften« benutzt, wie »Du Nervensäge« oder »Du Chaot«. Christian weiß ja jetzt, wie es geht, und gibt es gern weiter. »Schatz, Steven schreibt, wir sollten auf jeden Fall ›Du-Botschaften‹ vermeiden.« Und er zitiert weiter: »Wir können sagen ›Ich bin wütend auf dich und will, dass du sofort dein Zimmer aufräumst‹.«

Christian gewöhnt sich an, seine Frau ständig auf Erkenntnisse dieser Art hinzuweisen. Kathi nervt das langsam. Weil Christian jeden zweiten Satz mit »Steven schreibt, Steven meint…« beginnt. Und sie zieht ihn auf: »Sag mal, hast du eigentlich auch noch eine eigene Meinung oder mutierst du jetzt zu Stevens Wiederkäuer?«

»Also Kathi, das verletzt mich aber jetzt wirklich«, verteidigt sich Christian. »Ich mache das doch nur für uns. Wir haben uns doch vorgenommen, mit unseren Kindern gemeinsam zu wachsen.« Und Steven gäbe da wirklich wertvolle Anregungen. So würde er auch darauf hinweisen, dass es darauf ankomme, wie man etwas sagt. Als Kathi ihren Mann daraufhin fragend anschaut, nutzt er seine Chance und zitiert wieder aus dem Buch: »Versuchen Sie nicht, sich glücklich oder liebevoll zu geben, wenn Ihnen nicht danach ist – Kinder werden dadurch nur verwirrt, sie reagieren ausweichend und mit der Zeit ernsthaft gestört.«

Kathi grinst. »Irgendwie erinnert mich das an dein Erlebnis vor einiger Zeit im Garten oder an die Szene nach dem Kindergarten.«

Das weist Christian jedoch weit von sich. Nein, nein, er habe sich beide Male wunderbar in seiner Mitte gespürt. Und das würde Steven eben auch sagen: »Tatsächlich tun Sie mehr für Ihre Kinder, wenn Sie jeden Tag etwas Zeit für sich selbst (Ihre Gesundheit, Ihre Entspannung) reservieren, als wenn Sie ununterbrochen im Dienste Ihres Kindes stehen.«

Kathi schaut Christian daraufhin mit leicht zusammengekniffenen Augen an. »Das solltest du dir in deine Hängematte sticken.«

Christian ist enttäuscht, dass seine Frau so abweisend reagiert.
»Interessiert es dich denn gar nicht, wie wir zusammen wirklich
glücklich werden können?«
»Doch«, erwidert Kathi. »Was sagt Steven denn zu gutem Sex?«
Christian reicht es. Er schnappt sich das Buch und zieht sich in
seine Hängematte zurück.
»Schatz, jetzt sei doch nicht beleidigt, das war ein Scherz«, ent-
schuldigt sich Kathi.

Selbstzweifel und Verständnis

»Ich glaube, Steven versteht mich besser als du«, tönt es aus der
Hängematte. »Wahrscheinlich, weil er auch ein Mann ist.«
Kathi seufzt und beschließt, das Thema für heute ruhen zu lassen.
Christian hingegen arbeitet in seiner Hängematte weiter Seite
für Seite des Buches durch, streicht für ihn wichtige Stellen an –
sogar verschiedenfarbig. Das Buch wird immer bunter. Christian
erkennt sich in so vielen Fallbeispielen wieder. Und langsam
kommt immer mehr das Gefühl in ihm hoch, dass er ein ver-
dammter Versager in der Kindererziehung ist. Er ist eben nicht so
toll wie Steven ...
Christian erschrickt fast, denn auch diesen Gedanken scheint
Steven zu erraten: »Während ich diese Zeilen schreibe, bewegt
mich die Sorge, dass Sie, lieber Leser, ein schlechtes Gewissen
haben, weil Sie sich in einigen Beschreibungen wiedererkennen.«
Und Christian tut plötzlich etwas, das er lange nicht mehr
gemacht hat. Wütend feuert er das Buch hinter sich und brüllt:
»Ja, Steven! Danke! Du hast es geschafft, dass ich mich absolut
mies fühle!« Und dann noch lauter: »Mein Vater hatte eben doch
recht. Bei mir ist Hopfen und Malz verloren.«
Für einen Moment ist Christian nur noch ratlos und verzweifelt.
Dann erinnert er sich an seine Mitte, atmet ein paarmal tief
durch und steht auf, um das Buch hochzuheben. Es ist mitten im
Kräuterbeet gelandet, auf den Koriandersprösslingen. Christian
richtet sie behutsam wieder auf und entschuldigt sich bei ihnen.

Und dann ist es auch schon Zeit, die Kinder bei ihren Freunden abzuholen. An der Schlüsselleiste findet Christian eine Haftnotiz von Kathi mit einem Spruch von Konfuzius: »Wer ständig glücklich sein will, muss sich oft verändern.« Christian schmunzelt, er greift zu seinem Handy, um Kathi anzurufen. Und auch auf dem Handy haftet ein Spruch, diesmal von Goethe: »Das höchste Glück ist, welches unsere Mängel verbessert und unsere Fehler ausgleicht.«

Christian ist gerührt. Nein, er wird Kathi nicht anrufen. Er will sie lieber mit einem besonderen Abendessen überraschen. Er schaut auf die Uhr. Ja, er müsste es gerade noch schaffen, in den Bioladen zu kommen, der ohnehin auf dem Weg zu den Kindern liegt. Als er ins Auto steigen will, entdeckt er auch an der Windschutzscheibe einen Zettel mit Kathis Handschrift und einem Spruch:

Die meisten Menschen machen das Glück zur Bedingung. Aber das Glück findet sich nur ein, wenn man keine Bedingungen stellt.

ARTHUR RUBINSTEIN

Beflügelt fährt Christian los. Kathi nimmt ihn und seine Bemühungen also doch ernst. In dieser Nacht haben sie mal wieder richtig guten Sex. Und irgendwie haben sie das ja auch Steven zu verdanken…

Die Begriffe Glück, Resilienz und der Umgang mit Wissen

»Unsere Konsum- und Marktwirtschaft«, so hat Erich Fromm einmal geschrieben, »beruht auf der Idee, dass man Glück kaufen kann, wie man alles kaufen kann. (…) Dass Glück aber etwas ganz anderes ist, was nur aus der eigenen Anstrengung, aus dem

Inneren kommt und überhaupt kein Geld kostet (…), das ist den Menschen noch nicht aufgegangen.« Ob Glück nun erlernbar ist, wie es der deutsche Pädagoge Ernst Fritz-Schubert annimmt, mag dahingestellt sein. Auf alle Fälle verbirgt sich hinter dem Glück kein Geheimnis, wie Steven Biddulph es in seinem Buch behauptet, wenn er vom Geheimnis glücklicher Kinder oder Familien redet. Denn was Kinder brauchen, ist offensichtlich.

Glück ist kein Geheimnis

Kinder brauchen das Gefühl, aufgehoben und angenommen zu sein – so wie sie sind und nicht, wie man sie gerne haben möchte. Kinder wollen auch gemocht werden, wenn sie traurig, unsicher, zornig und wütend sind. Wer Kinder nur dann als glückliche Wesen betrachtet, wenn sie selig lächeln, der nimmt sie nicht ernst. Wenn Kinder sich vor etwas fürchten und von ihren Eltern oder Betreuern hören: »Du brauchst doch keine Angst zu haben«, dann fühlen sie sich allein gelassen in ihrer Gefühlswelt. Welches Glück haben jene Heranwachsenden dagegen, die sich in solchen bedrängenden Situationen in Arme schmiegen können, die Halt und Geborgenheit geben.

Das Recht auf Bildung

Kinder brauchen außerdem ein Recht auf Bildung. Doch ist Bildung mehr als die Vermittlung von Wissen. Die Art von Bildung, die hier gemeint ist, trägt zur Ausbildung von Urvertrauen und Selbstbewusstsein bei, lässt eine Persönlichkeit heranwachsen, die Werte wie Humanität und Mitmenschlichkeit verinnerlicht hat. Sie unterstützt die Heranwachsenden dabei, die ihnen in jeder Entwicklungsphase gestellten Herausforderungen zu meistern. Die wichtigsten Entwicklungsaufgaben sind die körperlich-motorischen, die emotionalen und die sozialen Aufgaben. Erst dann folgen die sprachlichen und die kognitiven. Schon Pestalozzi hat darüber nachgedacht, dass jeder intellektuellen Erfahrung eine körperliche vorausgeht, indem er schrieb, dass das Verstehen das

»Stehen«, eben das Geerdetsein voraussetzt und dass das abstrakte Erfassen von Sachverhalten das »Fassen« im Sinne von Greifen erfordert. Sich und seinen Körper erprobt man durch Bewegung. Die Erziehungswissenschaftlerin Renate Zimmer hat darüber ein wichtiges Buch mit dem herausfordernden Titel »Toben macht schlau« geschrieben. Bewegung gehört unbedingt zu Bildungsprozessen dazu. Wer sie ausgrenzt, der begrenzt Entwicklung und erzeugt Stillstand.

Bildung und Erziehung

Bildung und Erziehung werden häufig in einem Atemzug genannt, wobei Erziehung meist vorschnell auf die Anwendung von Techniken und Kompetenzen verengt wird. Doch hat Erziehung vor allem mit Beziehung und Begleitung zu tun. Kinder, die sich in Beziehung wissen, die Begleitung erfahren, sind zufriedene, starke Heranwachsende. Sie fühlen sich aufgehoben, sicher und angenommen, sie sind »wunschlos glücklich«, weil sie sich so geben können, wie sie sind. Wer Kinder begleitet, lebt mit ihnen im Hier und Jetzt und betrachtet sie nicht unter einer Zukunftsperspektive. Erziehung hat nichts mit Tempo machen und Beschleunigung zu tun. Die Kinder selbst bestimmen das Tempo, und das kann sehr unterschiedlich sein. Wer ständig an seinem Kind zerrt, erschwert es ihm, selbstständig zu werden, und lässt Selbstbewusstsein gar nicht aufkommen.

Glück als Ergebnis von Beziehungsarbeit

Bildungs- und Erziehungsprozesse verlaufen jedoch nicht widerspruchsfrei, sie sind ein Neben- und Nacheinander von Euphorie und Enttäuschung, von Augenblicken voller Glück und Momenten tiefer Niedergeschlagenheit. Ein glücklicher Familienalltag bedeutet auch nicht die Abwesenheit von Konflikten, sondern sich offen mit ihnen auseinanderzusetzen, um daran zu wachsen. Es gibt also kein Geheimnis um das Glück, Glück ist einfach das Ergebnis von Beziehungsarbeit mit sich und anderen. Manchmal gelingt sie besser, manchmal weniger gut, doch sie muss immer aufs Neue bewältigt werden, damit sich Selbstsicherheit und innere Stärke entwickeln können. Dann kommen Kinder auch mit schwierigen Situationen zurecht, wie die drei folgenden Beispiele zeigen.

Starke Kinder

Lina ist in ihren acht Lebensjahren schon dreimal umgezogen: Immer galt es Abschied zu nehmen von vertrauten Freunden, von ihren Kinderzimmern, ihrer gewohnten Umgebung, von lieb gewonnenen Menschen. Lina war jedes Mal traurig, wenn sie von ihren Eltern erfuhr, dass die Reise wieder weitergehen würde. Manchmal war sie auch wütend auf ihren Vater, der berufsbedingt nicht lang an einem Ort bleiben konnte, seine Familie aber um sich haben wollte. Linas Eltern verstanden die Gefühlsausbrüche ihrer Tochter und gingen darauf ein. Sie spürten, dass sie ihrem Nesthäkchen viel zumuteten, doch sie erkannten auch, wie schnell sich Lina nach einer Zeit des Fremdelns in ihre neue Umgebung eingewöhnte und sich in ihr zurechtfand. Sie wussten, dass sie Lina diese Umzüge zutrauen konnten.

Als Stefan eines Morgens kurz vor seinem sechsten Geburtstag die Augen öffnete, hörte er laute Rufe im Haus. Im nächsten Moment riss seine Mutter die Tür auf und schrie, dass er sofort aufstehen müsse, weil der Speicher in Flammen stünde. Da es ihr nicht schnell genug ging, nahm sie Stefan auf den Arm und schleppte ihn die Treppe hinunter ins Freie. Geistesgegenwärtig hatte Stefan noch seinen Teddy gepackt. An dem hielt er sich jetzt fest, bis seine Mutter ihn bei seinem Freund Paul absetzte, der gegenüber wohnte. Arm in Arm beobachteten die beiden Jungen aus sicherer Entfernung, wie die Feuerwehr vorfuhr und den Dachstuhl löschte. Das Haus war für einige Zeit unbewohnbar und Stefan zog mit seinen Eltern vorübergehend in das Haus seines Freundes. Als er wieder in sein Zimmer musste, fand er es sogar »ein kleines bisschen schade, weil ich jetzt nicht mehr jeden Abend im Bett mit Paul quatschen kann«.

Der fünfjährige Max verbrachte jeden Tag mit seinem Großvater. »Opa Rudi« hatte einen großen Bauernhof, auf dem es sich herrlich spielen ließ. Vor allem hatte er alle Zeit der Welt, war die Gelassenheit und Großzügigkeit in Person. Doch dann starb er von einem Tag auf den anderen an einem Herzinfarkt. Für Max brach die Welt zusammen. Er weinte bitterlich, verlangte dann aber, von seinem Großvater Abschied zu nehmen. Lange Zeit saß Max, begleitet von Oma Paula und seiner Mutter, bei seinem aufgebahrten Großvater. Max erzählte Geschichten davon, was sie alles erlebt hatten, was schön gewesen war. Und dann bat er Oma Paula, ihm Opa Rudis Schal zu schenken, jenen Schal, den sein Opa so häufig getragen hatte, dass Oma ihn nur selten in die Wäsche bekam: »Oma«, erklärte Max, »der riecht noch nach Opa. Der Schal kommt unter mein Kopfkissen. Und dann ist Opa bei mir.«

Resiliente Kinder meistern Krisen

Die drei beschriebenen, so unterschiedlichen Krisensituationen könnten durch viele weitere Beispiele ergänzt werden. Kritische Ereignisse gehören zum Leben dazu. Niemand kann sich oder seine Kinder wirklich davor schützen: sei es ein Unfall oder eine schwere Erkrankung, seien es Abschiede und Trennungen, weil Eltern umziehen müssen oder sich scheiden lassen, seien es Gewalterfahrungen oder finanzielle Schwierigkeiten.

Es gibt Kinder, die die Wucht solcher Ereignisse so tief trifft, dass sie eine Lebensunsicherheit, eine pessimistische Zukunftssicht aufbauen und weder Selbstbewusstsein noch Eigenständigkeit entwickeln können. Und dann gibt es Kinder wie Lina, Stefan und Max, die nichts so schnell umwirft, die sich einfach nicht unterkriegen lassen.

In der pädagogischen und psychologischen Diskussion werden solche Kinder als resilient bezeichnet, ein Begriff, der von amerikanischen Wissenschaftlern wie Jack Block und Emmy Werner in den fünfziger Jahren des letzten Jahrhunderts eingeführt wurde.

Die Psychotherapeutin Rosemarie Welter-Enderlin versteht »unter Resilienz die Fähigkeit von Menschen, Krisen im Lebenszyklus unter Rückgriff auf persönliche und sozial vermittelte Ressourcen zu meistern und als Anlass für Entwicklung zu nutzen«.

Überträgt man diese eher allgemein-abstrakte Definition auf Kinder, so wie es Robert Brooke und Sam Goldstein getan haben, dann bedeutet dies: Resiliente Kinder sind fähig,

• mit Druck und Belastung des Alltags produktiv umzugehen,
• mit kritischen Ereignissen fertig zu werden,
• Anforderungen, die die Umwelt mit sich bringt, als Herausforderung zu verstehen und anzunehmen,
• mit Enttäuschungen und Frustrationen, die zur Entwicklung dazugehören, umzugehen,
• anderen Achtung und Respekt entgegenzubringen, aber auch einzufordern,
• Fähigkeiten zu entwickeln, Probleme eigenständig zu lösen.

Merkmale resilienter Kinder

Daraus lassen sich einige Merkmale einer resilienten Persönlichkeit ableiten und auf der Basis der geschilderten Situationen veranschaulichen. Resiliente Kinder wie Lina, Stefan und Max

• sind eingebunden in ein liebevolles familiäres Netzwerk. Sie sind von Menschen umgeben, die ihnen vertrauen und ihnen etwas zutrauen. Lina fühlt sich trotz der vielen Umzüge aufgehoben und aufgefangen, genauso wie Max, der mit seiner Trauer umgehen und sie bewältigen kann. Stefan ist umgeben von einer ihm zugewandten Nachbarschaft und erfährt die Nähe von Freunden, die ihn trägt.
• haben Eltern, die ihnen die Fähigkeit zumuten, Probleme eigenständig anzugehen und zu lösen. Dadurch bildet sich Lebenssinn und Selbstvertrauen aus. Lina, Stefan und Max zeigen das auf ganz verschiedene Art und Weise.

- haben bei Problemen Ansprechpartner, die ihnen nicht die Schwierigkeiten aus dem Weg räumen, sondern sie dazu ermutigen und anleiten, selbstständig Lösungen zu entwickeln. Diese Ansprechpartner stehen im Hintergrund, warten ab und sind keine Besserwisser.
- haben Vorbilder, an denen sie sich orientieren können, an denen sie sich reiben und die sie auch herausfordern dürfen.
- brauchen Grenzen. Grenzen, die schützen, ihnen Raum und Zeit für eigenständige Erfahrungen geben, die eine selbstbestimmte Entwicklung zulassen. Grenzen, die aber auch zeigen, wie weit sie gehen können und dürfen, die also ein norm- und wertorientiertes Handeln verlangen.
- brauchen Konsequenzen, die eintreten, wenn sie sich nicht an Regeln und Absprachen halten.

Wichtige Voraussetzungen für Resilienz

Nun fallen resiliente, mithin selbstsichere, belastbare und optimistische Kinder nicht vom Himmel. Als selbstbewusstes, autonomes Kind wird man nicht unbedingt geboren, obgleich Kinder mit vielfältigen Anlagen und Charaktereigenschaften ausgestattet in diese Welt kommen. Dennoch wird davon ausgegangen, dass man Resilienz in der Kindheit vor allem durch die oben beschriebenen Umstände erwirbt. Resilienz ist demnach das Ergebnis einer Erziehung im Hier und Jetzt, einer Erziehung, die sich als Beziehung begreift, die sich durch Mitgefühl, Geduld und Vertrauen auszeichnet und die geeignete Rahmenbedingungen schafft, damit sich Selbstbewusstsein und Eigenständigkeit des Kindes entwickeln können. Dazu zählt zunächst, dass sich Kinder auf stabile Bezugspersonen verlassen können, auf Erzieherpersönlichkeiten, die das Kind ins Leben begleiten. Das Kind muss sich in all seinen Gefühlen von diesen Bezugspersonen angenommen fühlen. Es muss sich sicher sein, nicht nur gemocht zu werden, wenn es »brav« ist, es will auch dann Nähe spüren, wenn es mal wütet und tobt. Wenn es darauf vertrauen kann, baut es eine sichere Bindung zu ihm nahestehenden Personen auf. Und diese sichere Bindung ist Voraussetzung für Selbstsicherheit. Das Kind braucht also ein herzliches, zugewandtes, annehmendes, doch zugleich strukturiertes, verlässliches Erziehungsverhalten seitens seiner Bezugspersonen. Darüber hinaus braucht es Netzwerke außerhalb der Familie, es braucht Freundschaften, die die Ablösung von den nahen Bezugspersonen erleichtern helfen. Und es braucht Vorbilder, die es in seiner Neugierde, seiner Experimentierfreude und seinem Wissensdurst unterstützen und die nur dann Hilfestellung geben, wenn das Kind dies möchte. So entdeckt es eigene Stärken und Ressourcen.

Eigene Schwächen akzeptieren
Resiliente Kinder sind jedoch vor allem deshalb stark, weil sie auch um ihre Schwächen wissen. Denn wer sich nur aufs Starksein konzentriert, verdrängt Probleme, spürt weder sich noch andere. Resiliente Persönlichkeiten – so die Autorin Monika Gruhl – hängen nicht dem naiven Glauben an, es würde einem im Leben alles gelingen. Resiliente Persönlichkeiten spüren, dass Schwierigkeiten und Rückschläge zum Leben dazugehören, es Niederlagen und Misserfolge gibt, die gefühlsmäßig herausfordern, an denen man aber auch wachsen kann. Selbstsicher, belastbar und optimistisch zu werden – das ist eine immerwährende Lebensaufgabe, die niemals abgeschlossen ist, die sich in jeder Lebensetappe, in jeder Lebenssituation neu stellt, denn auch resiliente Menschen sind immer aufs Neue verwundbar. Aber sie wissen auch – und das können bereits Kinder spüren – um ihre Ressourcen und Kompetenzen.
Nach dieser eingehenderen Beschäftigung mit dem Thema Glück ist es für Christian Solbach keine Frage mehr, dass die Ursache für sein Bemühen, seine Kinder, sich selbst und die ganze Familie glücklich zu machen, in seiner eigenen Kindheit liegt. Vielleicht ist es doch an der Zeit, sich seine eigenen Prägungen noch einmal genauer anzuschauen.

Lebenslinien – Lebensmuster – Lebensaufgaben

Eigentlich hatte Christian Solbach ja beschlossen, einen Schlussstrich unter all das zu ziehen, was ihm vor allem sein Vater angetan hatte. Sicher, er hatte ihn nicht geschlagen. So weit war es nie gekommen. Aber die Verletzungen, die er ihm mit seinen Worten zugefügt hatte, saßen mindestens ebenso tief.

Und er kann das Gefühl der Demütigung und Herabsetzung heute noch spüren, wenn er sich an die Szenen von damals erinnert.

Christians Vater arbeitete im Finanzamt, war in allem sehr streng und bestimmte alles in der Familie – selbst den Zeitpunkt der Pinkelpausen auf der Urlaubsfahrt. Christians Mutter kuschte vor ihm und sein Sohn sollte das auch tun. Christian jedoch zog sich stattdessen zurück, igelte sich ein. Die Couch in seinem Zimmer wurde zu seinem Fluchtpunkt.

Prägung durch die eigene Geschichte

Um den Auseinandersetzungen mit seinem Vater zu entkommen, tauchte Christian in die Welt seiner Bücher ein. Seine Lieblingsbeschäftigung war es, auf der Couch zu liegen und zu lesen. Sein Vater kommentierte das mit den Worten: »Immer auf der faulen Haut liegen! So bringst du es nie zu etwas im Leben.«

Christians Mutter versuchte zu vermitteln: »Jetzt lass ihn doch. Der Junge liest nun mal gern. Ich hab früher auch gern gelesen.«

»Und? Was hat's dir gebracht?«

»Na ja … ich wollte es ja nur mal sagen.« Das war alles, was seine Mutter darauf erwidern konnte. In diesem Moment tat sie Christian richtig leid. Und er schwor sich, dass er nie so hart und autoritär werden wollte wie sein Vater. Obwohl dieser durchaus auch fürsorgliche Seiten hatte, die er jedoch nur mit seinen Tauben auslebte. Er züchtete Brieftauben und war der Kassenwart im örtlichen Taubenzüchterverein. Und er konnte sich wie ein Kind freuen, wenn eine Taube einen »Brief-Überbringungsauftrag« erfolgreich erledigt hatte. »Charlotte war mal wieder erfolgreich!« Mit dieser Nachricht platzte er eines Nachmittags auch in Christians Zimmer.

»Wer nur an die Decke starrt, wird nicht glücklich«

Seinen Sohn interessierte das aber nicht die Bohne. Er schaute nicht mal von seinem Buch auf.

»Hier müffelt's«, bemerkte sein Vater. »Ich wusste gar nicht, dass Bücherwürmer so stinken.«

»Lass mich in Ruhe!«, wehrte sich Christian.

»Nicht, bevor du mir deine Hausaufgaben gezeigt hast«, bekam er zur Antwort.

Hier musste Christian passen. Die Hausaufgaben hatte er noch nicht gemacht.

»In Ordnung, Freundchen«, sagte sein Vater und lächelte grimmig. »Das gibt eine Woche Hausarrest, jeder Besuch bei Freunden ist gestrichen. Und jeder Versuch, darüber zu diskutieren, ist zwecklos. Ich werde deine Mutter darüber informieren und dann wollen wir doch mal sehen, ob aus dir nicht doch noch was werden kann. Eines kannst du dir aber jetzt schon hinter die Ohren schreiben.« Und dann fügte der Vater den Satz hinzu, der Christian bis heute verfolgt: »Wer nur an die Decke starrt, wird nicht glücklich.«

Schon allein aus Trotz wollte Christian den Rest des Tages, ja den Rest der ganzen Woche damit verbringen, einfach nur an die Decke zu starren. Doch dann kam sein Großvater Gustl vorbei. Der spürte die dicke Luft im Haus und erklärte: »Der Junge muss unbedingt mal raus und seine Nase dem Himmel entgegenstrecken. Der ist ja schon ganz grau im Gesicht.«

Wie Opa Gustl es schaffte, sich gegen seinen Schwiegersohn durchzusetzen, weiß Christian nicht mehr. Er weiß nur, dass er eine wunderbare Zeit mit seinem Opa in dessen Garten verbrachte. Und Opa Gustl zitierte mal wieder wie üblich Wilhelm Busch: »Fortuna lächelt / doch sie mag / nur ungern voll beglücken: Schenkt sie uns einen Sommertag / schenkt sie uns auch Mücken.«

Ja, diese Prägungen sind es, die Christians Kampf ums tägliche Glück bis heute bestimmen. Und während ihm das klar wird, kommt ihm ein kühner Gedanke. Vielleicht liegt der Schlüssel zur Veränderung nicht darin, die Prägungen über Bord zu werfen, sondern darin, nicht mehr länger gegen sie anzukämpfen. Warum muss er seinem Vater denn heute noch beweisen, dass er unrecht hatte?

Ein Spruch des römischen Kaisers Marc Aurel fällt ihm ein – er hat einst ein Buch über ihn gelesen: »Das Glück im Leben hängt von den guten Gedanken ab, die man hat.«

Was wäre, wenn Christian das einfach mal ausprobieren würde? Wenn er nicht mehr grübeln, nicht mehr nach dem Glück suchen, sondern einfach alles so akzeptieren würde, wie es ist? Angefangen bei sich selbst …

Der Gedanke fasziniert ihn: Nicht mehr krampfhaft zu versuchen, alles in Harmonie zu verpacken, sondern authentisch zu sein, auch zu seiner Wut zu stehen und darauf zu vertrauen, dass ihn seine Kinder auch dann noch mögen, wenn er mal stocksauer ist.

{ Prägung }

WAS BRINGE ICH MIT?
WIE WIRD MAN GEPRÄGT?

- **In welchen Situationen holen mich als erwachsene Person Prägungen aus der Jugend wieder ein?**
- **Was möchte ich anders machen?**
- **Was habe ich an meinen Eltern abgelehnt?**
- **Was habe ich gemocht?**

Fazit

Christian Salbach hat durch die tiefere Beschäftigung mit seiner Prägung viel gelernt. Auch wenn es für ihn extrem schwierig ist, das Positive in seiner Kindheit zu sehen. Das Gefühl von

Schwermut und Hilflosigkeit, das ihn immer dann überfällt, wenn er sich wieder auf der Couch liegen und an die Decke starren sieht, ist noch immer sehr präsent und das tut weh. Doch es gelingt ihm schließlich durch die Erinnerung an seine Mutter und seinen Großvater, nicht mehr die gesamte Zeit als negativ zu empfinden. Denn seine Mutter hatte sich zwar nie getraut, sich gegen ihren Mann aufzulehnen, aber Christian zumindest heimlich zu verstehen gegeben, dass sie auf seiner Seite stand. Und Opa Gustl war fast immer für ihn da gewesen, hatte ihn so angenommen, wie er war, und nicht versucht, ihn zu verbiegen. Und dann wird Christian auch bewusst, welche Stärke er damals gezeigt hat, indem er fähig war, sich aus der belastenden Situation zu lösen, heute würde man sagen, sich wegzubeamen, und dabei zu sich zu kommen, ganz bei sich zu sein. Christian lächelt und denkt bei sich, dass andere sich in seiner Situation vielleicht in Alkohol oder Drogen geflüchtet hätten. Da kann er direkt ein bisschen stolz auf sich sein. Und wenn er schon mal dabei ist, kann er sich ja gleich weiter auf das Thema Stärken konzentrieren.

Christians Stärken:
- Sich sein ganzes Leben lang zu bemühen, seinen eigenen Weg zu finden.
- Seinen Kindern Halt und Geborgenheit zu vermitteln.
- Seine Bereitschaft, Verantwortung für die Natur zu übernehmen, und seine Zuverlässigkeit als Hausmann und Vater.
- Die Fähigkeit, gut für sich zu sorgen, um Kraft und Geduld für die Erziehungsaufgabe zu haben.

Die Stärken von Christians Vater:
- Sich Gedanken um das Fortkommen seines Sohnes zu machen.
- Authentisch zu sein, zu wissen, was er für richtig hält, und das zu vertreten.

Die Stärken von Christians Mutter:
- Ihren Sohn zu akzeptieren, wie er war, auch wenn sie sich nicht offen für ihn einsetzen konnte.

Die Stärken von Christians Großvater:

- Das Leben mit Humor zu betrachten und sich und die ganze Welt nicht so fürchterlich ernst zu nehmen.
- Seinem Enkel Sinn für die Schönheit der Natur zu vermitteln.
- Zu ihm zu stehen und ihn anzunehmen, wie er ist.

Selinas und Simons Stärken:

- Zu zeigen, dass sie sich eine authentische Erziehungspersönlichkeit wünschen, aber eine, die Erziehung nicht mit Zucht und Strafe gleichsetzt.
- Zu erkennen, dass sie sich ihrer Beziehung zum Vater sicher sein können, und fähig zu sein, den Halt und die Geborgenheit, die er vermittelt, zu genießen.
- Zu zeigen, dass sie als eigenständige Persönlichkeiten wahrgenommen werden und sich mit ihm auseinandersetzen wollen.

Seit Christian seine Stärken sehen kann, betrachtet er auch seine Kinder anders. Er erkennt, dass sie ganz anders sind, als er in ihrem Alter war, und deshalb auch ganz andere Dinge brauchen. Er weiß jetzt, dass er ihnen etwas zutrauen kann. Wenn es Schwierigkeiten gibt, nimmt er sie in den Arm, zeigt ihnen, dass er bei ihnen ist und sie in ihrer Trauer ernst nimmt. Doch er glaubt nicht mehr, sie ständig vor irgendwelchen Unpässlichkeiten, vor Niederlagen, vor Schattenseiten bewahren zu müssen. Deshalb lautet sein neuer Glaubenssatz:

>»Krise ist nicht das Gegenteil von Glück. Sie ist ein Teil davon. Das kann ich meinen Kindern vorleben.«

Christian hat in seinem Leben gelernt, dass Glück nicht darin besteht, nur »high life« zu erleben. Auch die Krise, die Melancholie, die Traurigkeit, die von einem Besitz ergreifen, mal heftig, mal weniger heftig – all das gehört dazu. Er lächelt: »Aber darauf muss man erst einmal kommen.«

SO SCHENKEN SIE IHREM KIND EINE ZUFRIEDENE KINDHEIT

- Machen Sie sich bewusst, dass Glück nichts mit der Abwesenheit von Auseinandersetzungen zu tun hat. Konflikte dürfen sein, wollen ausdiskutiert und gelöst werden. Frei nach dem Motto: Zufriedene Familien streiten sich, aber sie mögen sich auch, zufriedene Familien setzen sich nicht nur auseinander, sondern dann auch wieder zusammen.

- Zufriedene Kinder können mit Krisen umgehen, indem sie diese meistern und aus ihnen auch Kraft schöpfen. Deshalb bringt es nichts, wenn Sie versuchen, Konflikte für Ihre Kinder zu lösen. Lediglich Ihre Begleitung ist wichtig, das Signal, dass Sie da sind, wenn Ihre Hilfe benötigt wird.

- Zufriedene Kinder freuen sich an den kleinen Dingen des Alltags, nicht nur am iPod, am neuesten Handy. Versuchen Sie, Ihren Kindern die Augen für die kleinen Schönheiten des Alltags zu öffnen und genug Raum zu lassen für Bewegung und für körperliche Erfahrungen.

- Zufriedene Kinder sind Kinder, die ihre Eltern und Bezugspersonen einschätzen können. Achten Sie also darauf, keine freundliche Maske anzulegen, wenn Ihnen zum Heulen oder Schreien zumute ist, denn Ihre Kinder wollen wissen, woran sie bei Ihnen sind.

- Zufriedene Kinder sind Kinder, die sich so angenommen fühlen, wie sie sind. Oft sind es die eigenen Schwächen, die man an den Kindern erkennt und mit denen man sich schwertut, sie zu akzeptieren. Nehmen Sie sich selbst an und dann Ihr Kind.

- Zufriedene Kinder sind Kinder, die sich anstrengen müssen, um etwas zu leisten. Räumen Sie ihnen also nicht sämtliche Steine aus dem Weg. Sie müssen an Ihren Kindern nicht wieder gutmachen, was Sie als Kind selbst nicht gehabt haben, sondern ihnen zeigen, wie man mit Krisen umgehen kann. Auch das kann Glück sein.

Ein Jahr später ...

Christian hat seinen Kindern im Garten eine Ecke eingerichtet, in der sie selbst etwas anpflanzen können. Für das Gedeihen der Pflanzen sind sie auch selbst verantwortlich. Selina und Simon finden das ganz toll und Simon hat sogar eine Liste angelegt, in die er einträgt, wie viel seine Sonnenblume jeden Tag wächst.

Als Vater hat Christian seine Rolle neu für sich definiert. Er hat es aufgegeben, immer der Freund seiner Kinder sein zu wollen, und versucht, ihnen Orientierungshilfen zu geben, wenn sie es brauchen. Das hat zur Folge, dass Selina und Simon jetzt statt Chris viel öfter »Papa« zu ihm sagen. Und Christian findet das gut, solange seine Frau Katharina das nicht auch zu ihm sagt.

Durch seine neue Selbstbestimmtheit hat auch seine Beziehung zu Kathi einen Kick bekommen. Zwar streiten sie sich jetzt öfter als früher. Doch zu seinem eigenen Erstaunen hat Christian festgestellt, dass die Harmonie dadurch nicht auf der Strecke bleibt. Im Gegenteil, das Fundament wird gestärkt. Also alles im Lot bei Familie Solbach.

Und an diesem Wochenende wollen sie das neue Familienzelt auf der Wiese im Garten einweihen.

Christian hat es Samstagvormittag mithilfe von Simon und Selina aufgestellt. Alle drei sind ganz stolz auf ihr Werk und freuen sich schon darauf, es der Mama zeigen zu können. Kathi wollte nach der Arbeit im Buchladen noch schnell irgendetwas besorgen und verspätet sich ein wenig.

Christian bereitet schon einmal das Einweihungspicknick vor. Selina werkelt inzwischen in ihrem Garten und Simon liegt in der Hängematte und liest.

Das Picknick ist inzwischen fertig, Christian hat sich viel Mühe gegeben, etwas Besonderes aufzutischen und alles liebevoll herzurichten. Nur Kathi lässt noch auf sich warten. Christian kommt sich etwas verloren vor. So hat er sich das nicht vorgestellt. Er seufzt, fühlt sich mal wieder nicht richtig gewürdigt. Fast wäre er erneut in seine alte Rolle abgerutscht und hätte seinen Ärger unterdrückt. Aber nein! Raus damit! So schreit er mit einem Mal los:»Ich bin total genervt und so stinksauer, dass ich sogar das Zelt am liebsten wieder abreißen würde!«

Erschrocken kommen Selina und Simon angelaufen.»Was ist denn los, Papa?«

»Ich dachte, wir machen jetzt alle zusammen ein Picknick, ich bereite hier alles vor und keinen interessiert das!«

»Wir picknicken gern mit dir, Papi!«, sagt Selina und kuschelt sich an Christian.

»Bist du sauer, weil Mama noch nicht da ist?«, fragt Simon.

»Nee!«, entwischt es Christian.

Selina schaut ihn mit großen Augen an.»Wirklich nicht?«

Christian gibt sich einen Ruck.»Doch! Ja, ihr habt recht. Deswegen bin ich sauer.«

Da kommt plötzlich Katharina in den Garten mit einer großen Kiste im Arm. Und schon von Weitem ruft sie:»Ich hoffe, ihr seid nicht sauer, dass ich so spät komme!«

»Doch!«, rufen Selina, Simon und Christian wie aus einem Munde und müssen im gleichen Moment lachen.

»Ja, tut mir leid, aber ich hab noch jemanden abgeholt, der auch an unserem Picknick teilnehmen sollte«, entschuldigt sich Kathi. Sie lässt die drei in den Karton schauen. Ein Kaninchen sitzt darin und mümmelt an einem Salatblatt.

»Oh, wie toll! Ein Kaninchen!«, jubeln Selina und Simon.

»Wie heißt sie denn?«, erkundigt sich Christian.

Kathi schmunzelt.»Es ist ein er und er heißt ›Steven‹. Und ich dachte mir, wenn wir mal wieder denken, dass alles schiefläuft, dann kann er uns etwas erzählen: ›vom Geheimnis glücklicher Kaninchen‹.«

*Denke lieber an das, was du hast,
als an das, was dir fehlt.*

MARC AUREL

Abschließende Gedanken und ein Epilog Erziehung hat nichts – auch wenn viele das glauben oder verinnerlicht haben – mit dem Sammeln von »Fleißpunkten« zu tun. Ganz nach dem Motto: »Ich muss bei meinem Kind alles richtig und möglichst perfekt machen, damit etwas aus ihm wird und ich eine gute Mutter/ein guter Vater bin.« Wenn Eltern ihre Kinder begleiten und es mal nicht so läuft, wie sie sich das vorgestellt haben, dann wird oft eine momentane Enttäuschung verallgemeinert und gleich ein Schreckensszenario in die Zukunft projiziert. Sprüche wie »Wenn ich mir vorstelle, wo das alles mal enden soll!« oder »Was Hänschen nicht lernt, lernt Hans nimmermehr!« sind Ausdruck solcher Schwarzmalerei.

Den Untergang der Gesellschaft kreieren Ergänzt wird diese (kultur-)pessimistische Welt- und Alltagssicht durch (erziehungs-)wissenschaftliche Literatur, die in düsteren oder auch grellen Farben gern Verallgemeinerungen über Erziehung verbreitet wie »Eltern werden ratloser!«, »Kinder werden zappeliger!«, »Kinder kennen keine Regeln mehr!«, »Das hat es früher nicht gegeben!«.

Diese Bücher greifen eine allgemeine Unsicherheit auf und geben ihr in Form eines wortgewaltigen Getöses – Stichwort »Kultur- und Werteverfall« – eine leicht konsumierbare Form. Mit solchen Büchern gewinnt man zwar die Lufthoheit über bildungsbürgerliche Stammtische, erobert sogar Bestsellerlisten, aber an der konkreten Erziehungsrealität ändert sich damit wenig. Einige Bestsellerautoren scheinen daran auch kein wirkliches Interesse zu haben. Über den Wolken ist die Freiheit des pädagogischen Geschwafels schließlich grenzenlos. Da wird bei einem Glas Rotwein über den Untergang der zivilen Gesellschaft räsoniert und lamentiert und sich gegenseitig versichert, gleicher Meinung zu sein. Manchmal könnte man wirklich den Eindruck gewinnen, dass einige dieser Autoren nach dem Motto schreiben: »Ich kreiere den Untergang«, um dann Jahre später achselzuckend zu behaupten: »Was interessiert mich mein Geschwätz von gestern?«

Schwarz-Weiß-Malerei statt Lösungen Mancher Bestseller greift verbreitete Ängste auf, doch statt Lösungen zu bieten, dramatisiert er lediglich. So schnell diese Bücher bisher an die Spitzen der Buchcharts geschossen sind, so schnell sind sie in der Regel auch wieder verschwunden. Allerdings haben sie eine Zeit lang die Diskussion in Feuilletons, Dossiers oder Talkshows geprägt. Wer erinnert sich noch an Neil Postmans »Wir amüsieren uns zu Tode« oder Mary Wynns »Droge im Wohnzimmer«? Beides sind Bücher, in denen das Fernsehen und die Unterhaltungsindustrie verantwortlich gemacht werden für das Verschwinden bürgerlicher Kultur. Jahrzehnte später finden diese Inhalte in Manfred Spitzers »Digitale Demenz« ihre Fortsetzung – nun mit neurologischer Essenz aufgewertet, ganz so, als sei dies der Weisheit letzter Schluss.

Ein großer Teil der Diskussion über gesellschaftliche Trends wird von Extremen beherrscht: Entweder man ist für das Fernsehen oder man ist dagegen, man ist für den Computer oder verteufelt ihn, man ist für das Internet oder lehnt es komplett ab, man plädiert für Autorität oder will »Kinder an die Macht«, man fordert Leistung oder betrachtet sie als Einschränkung der kindlichen Persönlichkeit – und so fort. Diese Entweder-oder-Haltung wird der gesellschaftlichen Komplexität nicht gerecht.

Ein Leben lang dazulernen Wichtiger denn je ist eine Sowohl-als-auch-Haltung. Wir brauchen Wissenschaftler, die fähig und bereit sind, in den gesellschaftlichen Trends das zu erkennen, was positiv, produktiv und kreativ genutzt werden kann. Zugleich gilt es, darüber nachzudenken, wie problematische Auswüchse begrenzt werden können. In unserem Buch haben wir versucht, in den Geschichten und Interpretationen diese differenzierte Position umzusetzen.

Unsere Helden und Heldinnen sind natürlich fiktive Personen. Ähnlichkeiten wären zufällig. Und trotzdem haben wir sie nicht völlig erfunden, denn sie sind aus den vielen in unseren Seminaren oder Beratungen geführten Gesprächen entstanden. Unsere Protagonisten sind hin- und hergerissen, sie zweifeln und hadern, doch sie sind auch bereit, dazuzulernen und aus den Erfahrungen, die ihnen zugestoßen sind, ihre Konsequenzen zu ziehen. Das ist nicht immer einfach, aber wenn man sich auf den Weg gemacht hat, ganz leicht. Leichter jedenfalls, als vereinfachenden, populistischen Theorien nachzuhängen und krampfhaft daran festzuhalten.

Das Ziel jeglicher Beschäftigung mit Erziehung ist es, nicht einem imaginären Ideal anzuhängen. Vielmehr gilt es, den Weg, auf den man sich macht, als Ziel zu sehen. Und zu diesem Weg gehören auch Umwege und Sackgassen.

Den Fokus auf die Lösung von Konflikten legen Charlie Chaplin hat einmal den wunderbaren Satz formuliert: »An den Scheidewegen des Lebens stehen keine Wegweiser.« Und Aldous Huxley hat diesen Gedanken so ausgedrückt: »Erfahrung ist das, was man aus dem macht, was einem zustößt.« Diese Aussage steckt auch in vielen Filmen von Chaplin. Seine Protagonisten machen jede Menge schmerzhafte und erniedrigende Erfahrungen. Dennoch lassen sie sich ihr Selbstwertgefühl nicht zerstören und geben nicht auf, egal was ihnen zustößt. Chaplins Filme haben immer ein Happy End. Meist lässt er seine Helden am Ende in die Sonne, ins Licht gehen. Seine Helden sind keine

Schwarzseher, sondern hellsichtig. Negative Glaubenssätze, die das Leben und die Erziehung einengen, werden von uns selbst produziert. Deshalb können diese Sätze auch verändert werden. Das ist ein zentraler Gedanke, der den Geschichten im Buch zugrunde liegt. Hängt man falschen Vorstellungen nach, dann erfüllen sie sich auch. Wer dagegen die Kraft aufbringt, seine alten Muster zu verändern, trifft die Entscheidung, sich selbst und damit auch sein Umfeld zu verändern.

Das wird auch von Psychologen wie Joachim Bauer bestätigt, der in seinen Überlegungen von den Spiegelneuronen über die Möglichkeiten zwischenmenschlicher Kommunikation nachdenkt. Ähnliches gilt, wenn auch aus einer anderen Perspektive heraus, für die lösungsorientierte Kurzzeittherapie, wie sie Steve de Shazer oder Insoo Kim Berg entwickelt und praktiziert haben: Sie schauen nicht zurück, bleiben vielmehr im Hier und Jetzt, ganz im Sinne des amerikanischen Psychiaters Milton Erikson: »Der Mensch kennt die Lösung seines Problems, er weiß nur nicht, dass er sie kennt!«

Das Handeln und die Veränderungen unserer Protagonisten lassen sich nicht nur mit der lösungsorientierten Kurzzeitberatung erklären (weiterführende Literatur zu diesem Thema siehe Buchempfehlungen Seite 172: Jan-Uwe Rogge: Das neue Kinder brauchen Grenzen), sondern auch durch weitere therapeutische Ansätze. Da sind zunächst der finnische Psychologe Ben Furman sowie der amerikanische Begründer der Rationalen emotionalen Therapie, Albert Ellis, deren Überlegungen von Dieter Schwartz, einem deutschen Therapeuten, sehr praxisnah umgesetzt wurden. Auch wenn der Ausgangspunkt noch so unterschiedlich sein mag, so eint doch alle die Überzeugung: Wenn der Mensch Teil des Problems ist, dann ist er auch Teil der Lösung.

Selbstschädigende Muster durch stärkende ersetzen Furman räumt mit vereinfachenden, monokausalen Schlussfolgerungen auf, wonach schlimme Erlebnisse in der Kindheit automatisch zu Problemen in der Zukunft führen müssen.

Albert Ellis hat diesen Gedanken sinngemäß so ausgedrückt: Frühkindliche Erfahrungen sind nicht der Ursprung von aktuellen persönlichen Problemen. Dafür, so Ellis, ist jeder selbst verantwortlich. Der Gedanke, dass die eigenen Eltern einen lieblos behandelt haben und man deshalb heute so ist, wie man ist (und deshalb alles anders machen will), muss nicht zwingend der Wahrheit entsprechen, auch wenn es oftmals so dargestellt wird, als sei dies bewiesen. Deshalb kommt es darauf an, selbstschädigende Glaubenssätze in selbststärkende zu verwandeln. Denn man kann durchaus lernen, liebevoller mit sich umzugehen – nach dem Motto:»Meine Kindheit war hart, sie hätte angenehmer sein können. Und trotzdem bin ich zu einer Persönlichkeit mit vielen Stärken geworden.«

Häufig kommt an dieser Stelle der Einwand, dass man doch schnell in alte, aus der frühen Erziehung vertraute Muster zurückfalle. Das mag stimmen, allerdings schreibt Ben Furman, dass man die meisten Probleme auch als Chance sehen, als Möglichkeit betrachten kann, veränderte Sichtweisen zu konstruieren:»Das Wiederholen von gleichen Fehlern ist eine Einladung, etwas in seinem Leben zu verändern.« Die Protagonisten in unseren Geschichten geben davon ein anschauliches Beispiel.

Der Therapeut Dieter Schwartz hat noch einen anderen Aspekt hervorgehoben. Unter Rückgriff auf Albert Ellis spricht er von »der Tyrannei des Muss«. Auch davon sind unsere Protagonisten durchdrungen:»Ich muss perfekt sein!«»Ich sollte anerkannt sein!«»Ich sollte keine Fehler machen!« Solche Überzeugungen, die von mangelnder Selbstachtung und Minderwertigkeitsgefühlen zeugen, führen dann schnell zu Verallgemeinerungen und subjektiven Abwertungen:»Das passiert mir immer wieder!« »Warum flippe ich immer wieder aus!«»Ich kann nie ruhig bleiben!« Um hier Veränderungen zu bewirken, spricht Schwartz von der »Gedankenmethode der Selbstveränderung«. Was sich vielleicht kompliziert anhört, kann im Alltag sehr einfach praktiziert werden: Sätze, in denen»nie« und»immer« auftauchen, kann man als Hinweis nehmen, um sich in einem »inneren Dialog« zu befragen, wann etwas nicht passiert. So wird der Fokus auf die Ausnahme gelegt und damit auf eigene Stärken. Gerade die »Muss«- und »Sollte«-Sätze werten die eigene Person ab. Man sieht nur das, was man nicht kann, man zelebriert seine Schwächen regelrecht und schädigt damit die eigene Persönlichkeit. »Ich muss in der Erziehung perfekt sein, ich darf niemals Fehler machen!« ist so eine Feststellung, mit der man sich selbst kasteit. Wesentlich freundlicher sich selbst gegenüber wäre folgender Satz: »Natürlich finde ich Fehler nicht gut. Aber ich darf welche machen. Und trotzdem bin ich eine tolle Mutter, die viele Stärken hat!«

Nicht Opfer, sondern handlungsfähig sein   Die genannten Autoren betonen, dass kein Mensch es nötig hat, sich in der Opferrolle einzurichten, sondern dass er sein Leben in die Hand nehmen kann. Diese Grundhaltung, die sich auch in den Geschichten dieses Buches wiederfindet, ermutigt, sich auf den Weg zu machen, ungeachtet der eigenen Lebensgeschichte. Ganz im Sinne von Ben Furman: »Wenn die Kindheit nicht glücklich war, umso wichtiger ist es, ein glückliches Erwachsenenalter zu schaffen.«

Dieser Gedanke ist natürlich nicht neu, er ist kennzeichnend für die humanistische Pädagogik und Psychologie. Albert Schweitzer hat das so ausgedrückt: »Die größte Entscheidung des Lebens liegt darin, dass du dein Leben ändern kannst, indem du deine Geisteshaltung änderst.«

In den Geschichten gibt es einige Schlüsselwörter, die wichtig sind. Sie zeichnen eine Pädagogik aus, die Erziehung als Begleitung der Kinder ins Leben begreift und dem Wunsch der Kinder nach Orientierung nachkommt: Autorität, Persönlichkeit, Authentischsein, Urvertrauen, Halt, Bindung und Ermutigung.

Charlie Chaplin hat ein Gedicht anlässlich seines 70. Geburtstages vorgetragen, das auf eine ganz eigene Weise unsere Schlüsselwörter aufgreift:

Als ich mich selbst zu lieben begann,
habe ich verstanden, dass ich immer und bei jeder Gelegenheit,
zur richtigen Zeit am richtigen Ort bin und dass alles,
was geschieht, richtig ist – von da an konnte ich ruhig sein.
Heute weiß ich: Das nennt man **Vertrauen.**

Als ich mich selbst zu lieben begann,
konnte ich erkennen, dass emotionaler Schmerz und Leid
nur Warnungen für mich sind,
gegen meine eigene Wahrheit zu leben.
Heute weiß ich: Das nennt man **Authentischsein.**

Als ich mich selbst zu lieben begann,
habe ich aufgehört, mich nach anderen Leben zu sehnen,
und ich konnte sehen, dass alles um mich herum
eine Aufforderung zum Wachsen war.
Heute weiß ich: Das nennt man **Reife.**

Als ich mich selbst zu lieben begann,
habe ich aufgehört, mich meiner freien Zeit zu berauben,
und ich habe aufgehört,
weiter grandiose Projekte für die Zukunft zu entwerfen.
Heute mache ich nur das, was mir Spaß und Freude macht,
was ich liebe und was mein Herz zum Lachen bringt,
auf meine eigene Art und Weise und in meinem Tempo.
Heute weiß ich: Das nennt man **Ehrlichkeit.**

Als ich mich selbst zu lieben begann,
habe ich mich von allem befreit, was nicht gesund für mich war,
von Speisen, Menschen, Dingen, Situationen
und von allem, das mich immer wieder herunterzog,
weg von mir selbst.
Anfangs nannte ich das »Gesunden Egoismus«.
Aber heute weiß ich: Das ist **Selbstliebe.**

Als ich mich selbst zu lieben begann,
habe ich aufgehört, immer recht haben zu wollen,
so habe ich mich weniger geirrt.
Heute habe ich erkannt: Das nennt man **Demut.**

Als ich mich selbst zu lieben begann,
da erkannte ich, dass mich mein Denken armselig krank machen
kann.
Als ich jedoch meine Herzenskräfte anforderte,
bekam der Verstand einen wichtigen Partner.
Diese Verbindung nenne ich heute **Herzensweisheit.**

Wir brauchen uns nicht weiter vor Auseinandersetzungen,
Konflikten und Problemen mit uns selbst und anderen zu fürchten,
denn sogar Sterne knallen manchmal aufeinander
und es entstehen neue Welten.
Heute weiß ich: **Das ist das Leben!**

Selbstliebe als Lebensaufgabe Chaplin hat auf wunderbare Weise die Selbstliebe beschrieben, ein Gedanke, der sich auch durch unsere Geschichten zieht. Sich selbst lieben zu lernen, das ist eine Lebensaufgabe. Die Helden und Heldinnen unserer Geschichten haben sich dieser Aufgabe gestellt, indem sie sich mit ihrer Lebensgeschichte auseinandergesetzt haben.
Wer sich selbst mag mit all seinen Stärken, aber auch mit seinen liebenswerten Schwächen, dem gelingt es, Frieden mit sich und der Vergangenheit zu schließen. Wer sich selbst mag, der kann auch seine Kinder annehmen, wie sie sind, und achtet darauf, was sie können, und nicht auf angebliche Defizite.
Wir haben in unseren Geschichten verschiedene Wege aufgezeichnet, die man in der Erziehung gehen kann. Deshalb geben die Geschichten Ihnen einen Kompass und eine Landkarte an die Hand, doch gehen müssen Sie allein. Wir wünschen Ihnen auf Ihrem weiteren Weg viel Spaß und jede Menge Mut!

Bücher, die weiterhelfen

Weitere Bücher der Autoren
(alle erschienen im Rowohlt Verlag):

Jan-Uwe Rogge:
- *Das neue Kinder brauchen Grenzen*
- *Pubertät – Loslassen und Halt-geben*
- *Der Erziehungstest*
- *Der große Erziehungsberater*
- *Der kleine Erziehungshelfer*
- *Ohne Chaos geht es nicht*
- *13 Überlebenstipps für Familien*
- *Ängste machen Kinder stark*
- *Wenn Kinder trotzen*
- *Eltern setzen Grenzen*
- *Partnerschaft und Klarheit in der Erziehung*
- *Geschichten gegen Ängste*
- *So helfen Sie Ihrem Kind*
- *Irgendwie anders: Kinder, die den Rahmen sprengen … und wie man mit ihnen umgeht*
- *Kinder dürfen aggressiv sein*
- *Wut tut gut. Warum Kinder aggressiv sein dürfen*
- *Sonst beiß ich dich!*
- *Von wegen aufgeklärt!*
- *Sexualität bei Kindern und Jugendlichen*
- *Lauter starke Jungen (mit Bettina Mähler)*
- *Ein Wolkenlied für Omama (mit Moni Port)*

Jan-Uwe Rogge und Angelika Bartram:
- *Viel Spaß beim Erziehen*
- *Spiele gegen Ängste*

Reihe: *Geschichten, die stark machen*
- *Kleine Helden, großer Mut*
- *Kleine Helden, Riesenwut*
- *Kleine Helden, dicke Freunde*
- *Kleine Helden – starke Typen*
- *Kleine Helden, große Reise*

Hintergrundwissen
Bauer, Joachim: *Warum ich fühle, was du fühlst: Intuitive Kommunikation und das Geheimnis der Spiegelneurone*; Heyne
de Jonge, Peter/Kim Berg, Insoo: *Lösungen (er-)finden*; Modernes Lernen
de Shazer, Steve: *Der Dreh. Überraschende Wendungen und Lösungen in der Kurzzeittherapie*; Carl-Auer
Ellis, Albert: *Training der Gefühle*; Moderne Verlagsgesellschaft Mvg
Furman, Ben: *Es ist nie zu spät, eine glückliche Kindheit zu haben*; Borgmann
Schwartz, Dieter: *Vernunft und Emotion*; Modernes Lernen

Folgenden Büchern liegen die im Buch diskutierten Glaubenssätze zugrunde, wobei die Zitate daraus teils gekürzt wurden:
Biddulph, Steven: *Das Geheimnis glücklicher Kinder*; Heyne
Bueb, Bernhard: *Lob der Disziplin: Eine Streitschrift*; Ullstein
Chua, Amy: *Die Mutter des Erfolgs: Wie ich meinen Kindern das Siegen beibrachte*; Deutscher Taschenbuch Verlag

Meves, Christa: *Wohin? Auf der Suche nach Zukunft*; Gerhard Hess
Winterhoff, Michael: *Warum unsere Kinder Tyrannen werden: Oder: Die Abschaffung der Kindheit*; Goldmann

Weitere Elternratgeber aus dem GRÄFE UND UNZER VERLAG

Bentheim, Alexander/Murphy-Witt, Monika: *Was Jungen brauchen*
Glaser, Ute: *Die Eltern-Trickkiste*
Juul, Jesper: *4 Werte, die Kinder ein Leben lang tragen*
Kunze, Petra/Salamander, Catharina: *Die schönsten Rituale für Kinder*
Nitsch, Cornelia/Hüther, Prof. Dr. Gerald: *Kinder gezielt fördern*
Rogge, Jan-Uwe/Bartram, Angelika: *Wie Sie reden, damit Ihr Kind zuhört & wie Sie zuhören, damit Ihr Kind redet*
Stamer-Brandt, Petra/Murphy-Witt, Monika: *Das Erziehungs-ABC: von Angst bis Zorn*
Valentin, Lienhard/Kunze, Petra: *Die Kunst, gelassen zu erziehen*

Links der Autoren

www.jan-uwe-rogge.de
www.angelika-bartram.de
www.familienzirkus.de

Auf www.youtube.com finden Sie zahlreiche Filmausschnitte mit Jan-Uwe Rogge.

Adressen und Links, die weiterhelfen

Deutschland

Bundeskonferenz für Erziehungsberatung e.V., Herrnstr. 53, 90763 Fürth, www.bke.de: *Adressen der Erziehungsberatungsstellen bundesweit*

Deutsche Liga für das Kind, Charlottenstr. 65, 10117 Berlin, www.liga-kind.de: *Bundesweites Netzwerk zahlreicher Organisationen mit dem Ziel, die seelische Gesundheit von Kindern zu fördern*

www.familienhandbuch.de: *Hilfe in allen Familien- und Erziehungsfragen*

Österreich

Österreichische Kinderfreunde, Rauhensteingasse 5, 1010 Wien, www.kinderfreunde.at: *Größte Familienorganisation mit ca. 600 Ortsgruppen und Servicestellen, bietet Infos zu Erziehung und Familienalltag*

Schweiz

Amt für Jugend und Berufsberatung, Dörflistrasse 120, 8090 Zürich, www.lotse.zh.ch: *Infos und Veranstaltungskalender*

Register